디자이너의
포토샵 테크닉 **141**

**에이라쿠 마사야, 다카하시 도시유키,
구로다 아키오미, 구스다 사토시** 지음 | **구수영** 옮김

新ほめられデザイン事典 写真レタッチ・加工[Photoshop]
(Shin Homerare Design Ziten Syashin Retouch・Kakou[Photoshop] : 5589-0)
© 2018 Masaya Eiraku, Toshiyuki Takahashi, Akiomi Kuroda, Satoshi Kusuda

Original Japanese edition published by SHOEISHA Co.,Ltd.
Korean translation rights arranged with SHOEISHA Co.,Ltd. in care of The English Agency (Japan)
Ltd. through Danny Hong Agency
Korean translation copyright © 2022 by J-Pub Co., Ltd.

디자이너의 **포토샵 테크닉 141**

1쇄 발행 2022년 8월 25일

지은이 에이라쿠 마사야, 다카하시 도시유키, 구로다 아키오미, 구스다 사토시
옮긴이 구수영
펴낸이 장성두
펴낸곳 주식회사 제이펍

출판신고 2009년 11월 10일 제406-2009-000087호
주소 경기도 파주시 회동길 159 3층 3-B호 / **전화** 070-8201-9010 / **팩스** 02-6280-0405
홈페이지 www.jpub.kr / **원고투고** submit@jpub.kr / **독자문의** help@jpub.kr / **교재문의** textbook@jpub.kr

소통기획부 김정준, 송찬수, 박재인, 배인혜, 이상복, 송영화, 권유라
소통지원부 민지환, 김정미, 서세원 / **디자인부** 이민숙, 최병찬

기획 및 진행 송찬수 / **교정·교열** 강민철 / **표지·내지 디자인** 다람쥐생활
용지 타라유통 / **인쇄** 한길프린테크 / **제본** 일진제책사

ISBN 979-11-92469-23-2 (13000)
값 22,000원

제이펍은 독자 여러분의 아이디어와 원고 투고를 기다리고 있습니다. 책으로 펴내고자 하는 아이디어나 원고가 있는
분께서는 책의 간단한 개요와 차례, 구성과 저(역)자 약력 등을 메일(submit@jpub.kr)로 보내주세요.

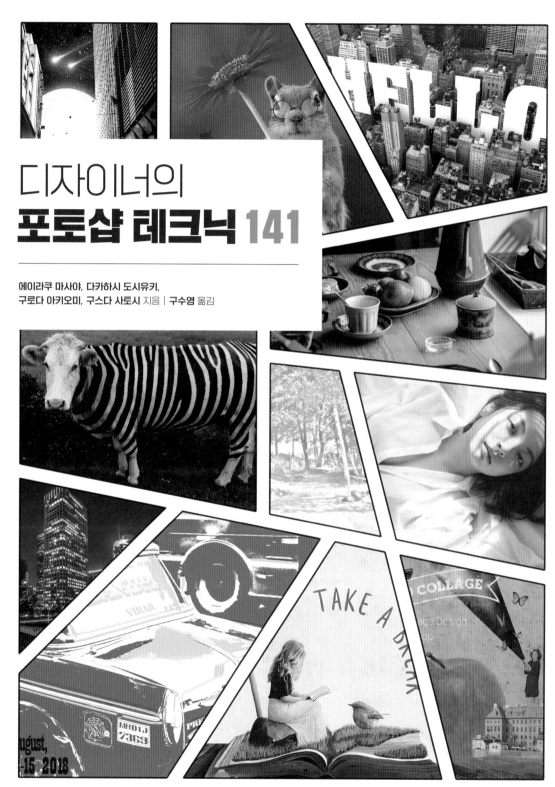

디자이너의
포토샵 테크닉 141

에이라쿠 마사야, 다카하시 도시유키,
구로다 아키오미, 구스다 사토시 지음 | 구수영 옮김

Jpub
제이펍

CONTENTS

예제 파일 및 실습 안내

- 일부 과정 중 고급 개체 변환 여부에 따라 필터를 적용했을 때 [레이어] 패널에서 표시 방법이 다를 수 있으나 결과에는 차이가 없습니다.

- 원본 이미지를 보존하면서 필터 등을 적용하려면 고급 개체로 변환한 후 작업하는 것을 추천합니다.

- 최신 버전의 포토샵을 사용 중이라면 이전 버전에서 사용하던 패턴이나 브러시 종류를 사용하기 위해 각 패널 오른쪽 위에 있는 메뉴 아이콘을 클릭한 후 레거시 브러시나 패턴을 추가해서 사용해야 합니다.

- Windows의 Ctrl, Alt, Enter 는 macOS에서 ⌘, Option, Return 과 같습니다.

- 이 책에서는 일부 예제 파일을 제공하며, 예제 파일 및 정오표는 https://bit.ly/book_jpub 에서 책 제목으로 검색하여 확인할 수 있습니다.

- 실습 그림 중 ★ 표시는 보정 전 원본 이미지입니다.

- 실습 중 1, 2, 3과 같은 따라 하기 번호는 해당 설명 뒤에 붙습니다.

역자 머리말

사진이 우리네 삶과 참 가까워진 시대입니다. 모두가 스마트폰으로 사진을 찍고, 사진 편집 앱을 통해 손쉽게 사진을 보정합니다. 하지만 그것만으로는 때때로 부족함이 느껴지기도 합니다. 그럴 때 우리 머릿속에 가장 먼저 떠오르는 건 역시 포토샵입니다.

포토샵이 이미지 보정 프로그램으로서 왕좌의 자리를 놓치지 않는 이유를 생각해 보면, 역시 다른 프로그램이 가지지 못한 다양한 기능을 꼽지 않을 수 없겠네요. 사용 편의성에 더불어 뛰어난 성능 덕인지 매년 포토샵이 포함된 유료 구독 모델인 Creative Cloud의 사용자 수가 증가하고 있다고 합니다.

이 책에서는 포토샵으로만 가능한 여러 가지 작업 테크닉을 접하실 수 있으리라 믿습니다. 평소 그 존재를 알지 못해 사용하지 못하던 기능을 여러 예시를 통해 설명해 주기에, 저 또한 이 책을 번역하는 내내 '나도 한번 해 볼까?', '이렇게 응용해도 좋겠네'라는 마음이 들었습니다.

물론 저 같은 포토샵 초보자가 아니라 매일같이 포토샵을 이용하는 전문 디자이너들이 보기에 충분한 이 책의 내용을 바탕으로 새로운 창작을 시도할 수 있을 것입니다. 그만큼 알찬 내용이 가득 담겨 있으니, 새로운 아이디어가 필요할 때 이 책이 여러분의 번뜩임을 깨워 주는 한 권이 되기를 바랍니다.

들 어 가 며

포토샵은 오랜 시간 여러 편리한 기능이 추가되거나 개선되면서 진화하고 있습니다. 이제 포토샵은 전통적인 그래픽 디자인뿐만 아니라 웹 디자인, 동영상 편집, 3D 작업을 비롯하여, 그 용도와 쓰임이 미치지 않는 분야가 없을 정도입니다. 다만 사진 보정 및 디자인 소스 제작이 그 밑바탕에 있다는 점은 예전과 크게 다르지 않습니다.

이 책은 현업에서 활약하는 여러 크리에이터가 솜씨를 발휘하여 사진 보정 요령과 아이디어를 제공합니다. 기초적인 것부터 트렌드에 맞는 테크닉까지 폭넓게 다루고 있습니다. 포토샵으로 무언가 만들어 보고 싶은 일반인부터 더욱 고급스러운 이미지를 만들고 싶은 현업 디자이너까지, 이 책을 참고하여 다양하게 활용할 수 있습니다.

사진 보정을 전문으로 하거나, 특정 분야의 디자이너라도 포토샵을 사용해 이미지를 보정할 기회는 종종 있습니다. 포토샵의 기능과 함께 다양한 테크닉을 구사하려면 폭넓은 스킬이 요구될 것입니다. 또한 매일 변화하는 클라이언트의 요구에 응하기 위해 작품 제작에 관한 아이디어는 아무리 많아도 부족할 것입니다.

아무쪼록 이 책에서 소개하는 여러 테크닉이 '칭찬받는 디자인'을 만드는 '인정받는 디자이너'가 되는 데 도움이 된다면 더없이 기쁠 것 같습니다.

BASIC

이미지 보정과 합성 첫걸음

반드시 알아야 할 기본적인 보정과 합성 방법을 소개합니다.

밝기 · 대비 조정, 색감 변경, 오려내기 방법,

사진을 다루는 기본적인 취급 요령 등

기억해 두면 편리하게 사용할 수 있는 다양한 비법을 소개합니다.

1

입체적인 사물에 이미지 합성하기

001

뒤틀기 기능과 레이어 스타일을 사용해 머그잔에 사진을 합성합니다.

Ps 예제 파일 | 001_base.jpg, 001_dog.psd

01 이미지를 머그잔 형태에 맞춰 변형한다

배경으로 사용할 [001_base.jpg] 파일을 열고 [배경] 레이어를 확인합니다 . [001_dog.psd] 파일에서 [dog] 레이어를 복사해서 [배경] 레이어 위에 배치한 후 메뉴바에서 [편집] → [자유 변형]을 실행하고 다음과 같이 배치합니다 . 자유 변형 상태에서 강아지 이미지를 마우스 우클릭한 후 [뒤틀기]를 선택합니다 . 옵션바에서 [뒤틀기: 아치]로 설정하고 , 머그잔의 둥근 면에 맞춰서 강아지 이미지를 변형합니다 . 변형 상태를 유지한 채 다시 마우스 우클릭하여 이번에는 [왜곡]을 선택합니다 . 바운딩 박스가 표시되면 모서리를 드래그하여 형태를 가다듬고 Enter 를 눌러 자유 변형을 마칩니다 .

02 배경에 맞게 레이어 스타일을 적용한다

[레이어] 패널에서 [dog] 레이어를 선택합니다. 메뉴바에서 [레이어] → [레이어 스타일] → [혼합 옵션]을 선택한 후 [혼합 모드: 곱하기]로 설정하고, [혼합 조건]에서 [밑에 있는 레이어]를 [57/115, 99/255]로 설정합니다 . 조절점을 분리할 때는 Alt 를 누른 채 드래그하면 됩니다. 머그잔과 강아지 이미지가 자연스럽게 어우러집니다 .

03 텍스트를 배치하여 보정한다

[수평 문자 도구]를 선택하고 [mugcup design]을 입력합니다 . 문자 레이어를 선택하고 메뉴바에서 [레이어] → [래스터화] → [문자]를 실행합니다. 래스터화한 강아지 이미지에 같은 방법으로 [자유 변형]과 [뒤틀기]를 적용하여 머그잔에 어우러지게 합니다. [dog] 레이어의 [레이어 스타일]을 복사하여 문자 레이어에 붙여넣습니다 .

까슬까슬한 입자가 느껴지는
토이 카메라 느낌 표현하기

입자를 거칠게 만들고 곡선 레이어로 보정하여 토
이 카메라로 찍은 사진처럼 만들 수 있습니다.

Ps 예제 파일 | 002_base.jpg

01 전체를 까슬까슬한 느낌으로 바꾼다

예제 파일을 열고 **1**, 메뉴바에서 [필터] → [필
터 갤러리] → [텍스처] → [그레인]을 실행합니
다 **2**. 이미지에 필터가 적용되어 전체적으로 까
슬까슬한 느낌이 표현됩니다 **3**.

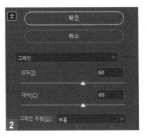

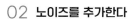

02 노이즈를 추가한다

메뉴바에서 [필터] → [노이즈] → [노이즈 추가]를 선택한 후 [양: 15%] 정도로 실행합니다 . 노이즈 필터가 적용되어 전체적으로 거친 분위기가 강조되었습니다 5.

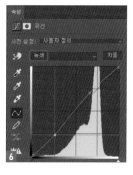

03 녹색을 강조하고 전체를 밝게 보정한다

메뉴바에서 [레이어] → [새 조정 레이어] → [곡선]을 실행한 후 [속성] 패널에서 [녹색] 채널 6과 [RGB] 채널 7을 조절합니다. 전체적으로 녹색이 추가되고, 밝게 보정되었습니다 8.

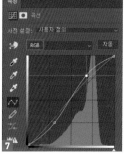

ONE POINT

거친 입자를 표현할 때는 [필터 갤러리]의 [텍스처] 이외에도 [메조틴트]나 [픽셀화]를 쓸 수 있습니다. 목적이나 소재에 따라 다양하게 사용해 보세요. 또한, 입자를 거칠게 만들면 이미지의 디테일한 부분이 뭉개질 수 있으니 주의하는 것이 좋습니다.

여러 사진의 색과 밝기 맞추기 003

서로 다른 사진의 명도, 채도, 색상 균형을 조정해서 자연스러운 느낌으로 어우러지게 보정합니다.

Ps 예제 파일 | 003_base.jpg, 003_dog.psd

01 이미지를 배치하고 명도를 보정한다

배경으로 사용할 [003_base.jpg] 파일을 열고 **1**. [003_dog.psd] 파일에서 [dog] 레이어를 배경에 붙여넣습니다 **2**. 강아지 이미지 왼쪽 어두운 부분을 밝게 보정하기 위해 메뉴바에서 [이미지] → [조정] → [어두운 영역/밝은 영역]을 선택한 후 그림과 같이 설정합니다 **3**. 그림자로 어두웠던 부분이 눈에 띄지 않게 보정되었습니다 **4**.

어두운 영역/밝은 영역

어두운 영역
양(A): 30 %

밝은 영역
양(U): 0 %

옵션 확장 표시(O)

02 배경에 맞춰 강아지의 색감을 보정한다

[dog] 레이어를 선택하고 메뉴바에서 [이미지] → [조정] → [레벨]을 선택해서 그림처럼 설정합니다 **5**. 바랜 느낌의 배경에 따라 강아지의 색감도 옅게 보정했습니다 **6**.

03 색상 균형과 언샵 마스크로 보정한다

메뉴바에서 [이미지] → [조정] → [색상 균형]을 선택하고, [어두운 영역] **7** 과 [중간 영역] **8** 을 각각 그림처럼 설정합니다. 계속해서 메뉴바에서 [필터] → [선명 효과] → [언샵 마스크]를 선택하고 [양: 70%], [반경: 1픽셀]로 적용합니다 **9**. 배경과 비교해서 흐릿한 강아지 이미지를 좀 더 선명하게 보정했습니다 **10**.

04 소파에 강아지의 그림자를 만든다

[dog] 레이어 아래에 새 레이어를 추가한 후 [브러시 도구]를 [부드러운 원]으로 선택합니다. 전경색을 검은색(#000000)으로 설정하여 소파에 드리우는 강아지의 그림자를 그린 후 자연스럽게 어울리도록 레이어의 [불투명도]를 [65%]로 변경합니다 **11**.

05 전체에 빛을 추가한다

전경색을 흰색(#ffffff)으로 설정합니다. [레이어] 패널에서 [새 칠 또는 조정 레이어] → [그레이디언트]를 선택해서 [그레이디언트: 전경색 → 투명], [스타일: 방사형]으로 설정합니다 **12**. [그레이디언트 칠] 창이 열려 있는 상태로 캔버스에서 드래그하여 화면 위쪽에 원형 그레이디언트의 중심을 배치합니다 **13**. 그레이디언트 레이어의 혼합 모드를 [오버레이], [불투명도: 40%]로 설정합니다. 빛을 추가함으로써 일체감이 표현되었습니다.

열화상 사진처럼 표현하기

그레이디언트 맵을 이용하면 이미지를 간단히 열화상 사진처럼 표현할 수 있습니다.

Ps 예제 파일 | 004_base.jpg

004

01 팔레트 나이프로 이미지 윤곽을 변형한다

예제 파일을 열고, [배경] 레이어를 복제합니다 **1**. 복제한 레이어를 선택한 채 메뉴바에서 [필터] → [필터 갤러리] → [예술 효과] → [팔레트 나이프]를 선택하고 [획 크기: 16], [획 세부: 3], [부드러움: 6]으로 설정합니다 **2**. 이미지의 윤곽이 무작위로 변형됩니다 **3**.

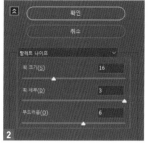

02 이미지를 흐리게 한 후 혼합한다

메뉴바에서 [필터] → [흐림 효과] → [가우시안 흐림 효과]를 선택하여 [반경: 10픽셀]로 적용합니다 **4**. 이미지가 흐려지면 **5** [레이어] 패널에서 혼합 모드를 [어두운 색상]으로 변경하여 아래에 있는 레이어와 혼합합니다 **6**.

03 그레이디언트 맵으로 덧칠한다

메뉴바에서 [레이어] → [새 조정 레이어] → [그레이디언트 맵]을 실행합니다 **7**. [속성] 패널의 그레이디언트 슬라이더로 무지개색 그레이디언트를 적용하면 **8** 배경 이미지가 추가한 그레이디언트로 덧칠됩니다 **9**.

ONE POINT

이번에 적용한 [그레이디언트 맵] 설정은 무지개색을 바탕으로 왼쪽 끝에 노란색을 더하였습니다. [그레이디언트 맵] 레이어를 추가한 후 그레이디언트 슬라이더를 어떻게 설정하느냐에 따라 전혀 다른 느낌으로 표현되므로 그레이디언트의 색 배열 등을 자유롭게 변경하여 이상적인 배색을 찾아보세요.

SIGNAL CONTER
1st ALBUM JUN.02 OUT

원근감이 왜곡된 이미지를 올바른 비율로 잘라내기

원근 자르기 도구를 사용하면 이미지를 간편하게 잘라내고 기울기 보정을 할 수 있습니다.

Ps 예제 파일 | 005_base.jpg

005

01 원근 자르기 도구로 간판을 잘라낸다

예제 파일을 열고 **1** [원근 자르기 도구]를 선택한 후 노란색 간판 부분을 드래그합니다. 그리드가 나타나면 네 모퉁이의 앵커를 드래그하여 간판 모양에 맞춘 후 [Enter]를 누릅니다 **2**. 그리드 영역의 가로세로 비율이 보정된 상태로 잘리지만, 유심히 관찰하면 가로 폭이 살짝 좁아진 것을 알 수 있습니다 **3**.

TRAFFIC SIGNAL
CONTROLLER
JUN. NO.D/02
MOFALAL GAP

02 피사체의 원래 비율을 확인한다

원근 자르기를 실행할 때 피사체의 원래 비율과 거의 동일하도록 조정해 보겠습니다. 이미지를 처음 상태로 되돌린 후 다음과 같이 자르고 싶은 영역의 각 모퉁이에서 교차하도록 안내선을 표시합니다 **4**. [사각형 도구]를 선택한 후 안내선을 기준으로 가장 안쪽에 맞춰 사각형 패스를 그립니다 **5**. [속성] 패널에서 사각형의 높이(H)를 확인하여 메모해 둡니다.

03 사각형의 높이를 넓게 펼친다

안내선의 바깥쪽 사각형 높이에 맞춰 앞서 그린 사각형 패스의 크기를 조절하되 가로세로 비율을 유지합니다 **6**. [속성] 패널에서 크기를 키운 사각형 패스의 폭(W)을 메모해 둡니다 **7**.

04 원래 비율에 맞게 피사체를 잘라낸다

다시 [원근 자르기 도구]를 선택하여 노란색 간판에 맞춰 그리드를 배치합니다 **8**. 옵션바에서 [W]와 [H]에 앞서 메모한 높이와 폭을 입력하고, [해상도]는 원본 이미지(여기에서는 [72픽셀/인치])에 맞춥니다 **9**. 간판의 네 모퉁이에 앵커를 드래그해서 자르기 영역을 지정하면 입력한 비율에 맞춰 간판이 잘립니다. 추가로 적당히 색감을 보정합니다 **10**.

ONE POINT

[원근 자르기 도구]는 높은 건물을 촬영할 때 생기는 원근 왜곡을 완화할 때 활용하면 효과적입니다.

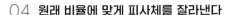

보정 전   보정 후

006

빈티지 느낌으로 보정하기

사진에 노이즈와 그을린 느낌을 더해서 빈티지 느낌을 연출합니다.

Ps 예제 파일 | 006_base.jpg

01 칠 레이어를 만든다

예제 파일을 엽니다 **1**. 메뉴바에서 [레이어] → [새 칠 레이어] → [단색]을 실행하고, [색상 피커] 창에서 칠할 색상(R 255, G 160, B 76)을 지정합니다 **2**. [레이어] 패널에서 혼합 모드를 [스크린]으로 변경합니다 **3**.

02 사진에 그을린 듯한 느낌을 더한다

[레이어] 패널에서 추가한 [색상 칠] 레이어의 [레이어 마스크]를 선택합니다. [브러시 도구]를 선택하고 전경색을 검은색으로 지정한 후 네 모퉁이와 가장자리를 남기고 덧그려서 마스크 처리합니다 **4**. 마스크 처리가 끝나면 [색상 칠] 레이어를 복제한 후 복제된 레이어의 혼합 모드를 [색상 번]으로 변경하고, 추가로 마스크 처리하면 **5** 바랜 분위기가 더해집니다 **6**.

03 메조틴트 필터로 노이즈를 추가한다

메뉴바에서 [레이어] → [새로 만들기] → [레이어]를 실행하고, 추가한 레이어를 흰색으로 채웁니다. 메뉴바에서 [필터] → [픽셀화] → [메조틴트]를 선택한 후 [유형: 거친 점]을 적용하면 **7** 화면이 노이즈로 뒤덮입니다 **8**. [레이어] 패널에서 혼합 모드를 [곱하기]로 변경하면 노이즈가 자연스럽게 어우러지면서 입자가 거친 사진이 연출됩니다 **9**.

04 사진에 흰 테두리를 추가한다

[사각형 도구]로 화면 가득 사각형을 그리고, [속
성] 패널에서 [칠: 색상 없음], [획: 흰색], [획 폭:
155픽셀]로 설정하면. 사진에 흰 테두리가
생깁니다.

05 곡선을 조정하여 바랜 느낌을 더한다

메뉴바에서 [레이어] → [새 조정 레이어] → [곡
선]을 실행한 후 [속성] 패널에서 각각 다음과 같
이 설정하여 대비를 낮추고 전체적으로 붉은 색
감을 더해 바랜 느낌이 나게 보정합니다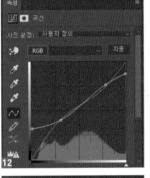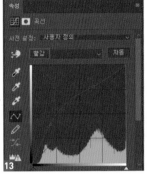~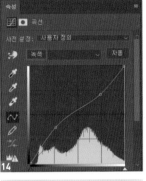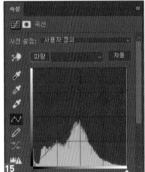.

ONE POINT

사진의 입자를 거칠게 하는 방법은 다양합니
다. 이번 실습에서는 [필터] → [픽셀화] → [메
조틴트]를 사용했지만, [필터] → [노이즈]나
[필터 갤러리] → [텍스처] → [그레인] 등을 이
용해도 좋습니다. 소재나 취향에 따라 선택해
보세요.

06 사진 전체의 채도를 낮춘다

메뉴바에서 [레이어] → [새 조정 레이어] → [색
조/채도]를 실행한 후 [속성] 패널에서 전체의
채도를 낮춥니다.

007

윤곽이 뚜렷하고
날카로운 이미지로 바꾸기

하이 패스 필터로 뭉개져 있던 윤곽을 되살려 뚜렷하게 만듭니다.
동시에 대상물을 제외한 부분은 어둡게 하여 대상물이 돋보이게
합니다.

Ps 예제 파일 | 007_base.jpg

01 하이 패스 필터를 적용한다

예제 파일을 열고, [배경] 레이어를 복제합니다
1. 메뉴바에서 [필터] → [기타] → [하이 패스]
를 선택한 후 [반경: 20픽셀]로 적용하면 **2** 복
제된 이미지가 음영으로 표현됩니다 **3**.

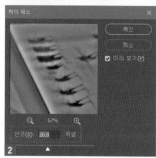

02 선형 라이트로 사진을 혼합한다

복사된 레이어의 혼합 모드를 [선형 라이트]로
변경하면 **4**, 아래에 있는 원본 이미지와 혼합됩
니다 **5**.

03 채도를 낮춰서 차가운 느낌을 표현한다

메뉴바에서 [레이어] → [새 조정 레이어] → [색조/채도]를 실행한 후 [속성] 패널에서 채도를 [-38] 정도로 낮추면  더 차가운 느낌으로 표현됩니다 .

04 대상물을 제외한 부분을 어둡게 한다

복제한 [배경] 레이어를 선택합니다. [올가미 도구] 도구 등을 이용하여 가운데 매 이외의 부분을 선택하고 , 메뉴바에서 [레이어] → [새 조정 레이어] → [곡선]을 적용한 후 [속성] 패널에서 전체적으로 어둡게 보정합니다  .

ONE POINT

하이 패스 필터는 질감이 뚜렷할수록 효과적입니다. 다만 너무 과하게 적용하면 사진이 뭉개지므로 주의가 필요합니다.

05 이미지 하단을 어둡게 보정한다

메뉴바에서 [레이어] → [새 칠 레이어] → [그레이디언트]를 실행하여 [그레이디언트 칠] 창이 열리면 [그레이디언트] 옵션을 클릭합니다 . [그레이디언트 편집기]가 열리면 [색상: 검은색], [불투명도]를 [100% → 0%]로 적용합니다 . 이미지의 하단이 더욱 어두워집니다 .

간단한 패키지 디자인 목업 만들기

소실점을 사용하여 목업에 디자인을 삽입합니다.

Ps 예제파일 800_ipad.psd, 800_logo.png, 800_bcard.tif

01 명함 배치 영역에 맞춰 메시를 만든다

명함 이미지 [008_bcard.tif]를 열고 [Ctrl] + [C]를 눌러 복사합니다. 그런 다음 예제 파일을 엽니다 1. 메뉴바에서 [레이어] → [새로 만들기] → [레이어]를 선택한 후 [색상: 없음]으로 투명 레이어를 추가하고, 메뉴바에서 [필터] → [소실점]을 실행합니다. [소실점] 창이 열리면 [평면 만들기 도구]로 하나의 명함 영역에서 각 모서리를 클릭하여 메시(mesh)를 만듭니다 2.

02 변형 도구로 크기를 조절한다

[Ctrl] + [V]를 눌러 복사해 둔 명함 이미지를 붙여넣고, [편집] → [자유 변형]을 이용하여 적당한 크기로 조절합니다 3. 명함 이미지를 앞서 만든 메시와 겹치게 드래그해서 옮기면 메시에 맞춰 명함이 자동으로 배치됩니다 4. [자유 변형]으로 명함 크기를 메시에 맞게 조절하고 5, 조절이 끝나면 [Enter]를 누릅니다 6.

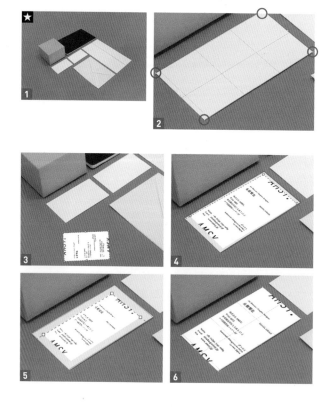

03 혼합 모드를 변경하여 어우러지게 한다

작업 화면으로 돌아오면 투명 레이어에 명함 이미지가 배치되어 있습니다. [레이어] 패널에서 혼합 모드를 [곱하기]로 변경하여 [배경] 레이어와 어우러지게 합니다 .

04 상자 측면에 메시를 만든다

이번에는 입체적인 상자에 디자인을 적용하겠습니다. 새 투명 레이어를 추가하고, 메뉴바에서 [필터] → [소실점]을 실행합니다. 앞과 같은 방법으로 [평면 만들기 도구]를 사용하여 상자 윗면에 메시를 만듭니다. 이어서 Ctrl 을 누른 채 옆 방향 모서리 중간에 있는 조절점을 측면 부분으로 드래그합니다 . 상자의 측면에 따라 메시가 확장됩니다 . 마찬가지로 나머지 측면으로도 확장하여 상자를 메시로 덮습니다 .

05 상자에 디자인을 삽입한다

앞과 같은 방법으로 미리 준비해 둔 디자인을 붙여넣고, [자유 변형]을 사용하여 크기를 조정한 후 메시 위치로 옮기면 입체적으로 배치됩니다. 한쪽 모서리에 디자인 배치가 끝나면, Alt 를 누른 채 디자인을 드래그하면 복제해서 배치합니다.

06 나머지 패키지에도 디자인을 배치한다

검은색 노트 표지와 편지 봉투에도 투명 레이어를 추가하고 [소실점] 필터를 실행하여 디자인을 배치합니다. 검은색 노트의 경우 배치가 끝난 후 삽입한 디자인을 선택 영역으로 만들고, 메뉴바에서 [이미지] → [조정] → [곡선]을 실행하여 전체를 조금 어둡게 보정합니다. 검은색 배경에 배치한 디자인을 어둡게 보정함으로써 실제 인쇄된 것 같은 입체감을 표현할 수 있습니다.

ONE POINT

상자에서 만든 메시처럼 원근 왜곡이 심한 곳에 디자인을 배치할 때 원하는 방향으로 배치되지 않을 수 있습니다. 이럴 때는 디자인의 각도나 방향을 미리 변경한 후 붙여넣고 배치해 보세요.

환상적인 분위기로 바꾸기

사진의 색상을 바꿈으로써 실사 이미지를 환상적인 색조로 바꿉니다.

Ps 예제 파일 | 009_base.jpg

009

O1 사진의 색상을 반전한다

예제 파일을 열고, [배경] 레이어를 복제한 후
메뉴바에서 [이미지] → [조정] → [반전]을 실행
합니다 . [레이어] 패널에서 혼합 모드를 [색
조]로 변경하여 원본 이미지에 겹칩니다 .

O2 색조에 강약을 준다

반전을 적용한 레이어를 복제한 후 혼합 모드를
[색상 닷지]로 변경하여 겹칩니다 . 메뉴바에
서 [필터] → [흐림 효과] → [가우시안 흐림 효
과]를 선택한 후 [반경: 37픽셀]로 적용하면
색조에 강약이 표현됩니다 .

O3 부드러운 빛을 더한다

Ctrl + Alt + Shift + E 를 눌러 화면에 보이는
레이어를 새 레이어로 병합하고, 메뉴바에서 [필
터] → [흐림 효과] → [가우시안 흐림 효과]를 선
택하고 [반경: 28픽셀]로 적용합니다 **7**. 레이어
혼합 모드를 [밝게 하기]로, [불투명도: 70%]로
변경하여 겹치면 부드러운 빛이 더해진 환상적
인 이미지가 완성됩니다 **8**.

ONE POINT

[반전] 효과는 원본 사진의 색조에 따라 크게
달라집니다. 따라서 원본 사진에 따라 완성되
는 결과물의 느낌도 다양합니다.

MIDNIGHT

SUMMER

BARGAIN

2018. Jun.

010

Every Day

낮을 밤으로 바꾸기

빛의 계조를 보정함으로써 낮 사진을 밤 사진처럼 바꿀 수 있습니다.

Ps 예제 파일 | 010_base.jpg

01 어두운 영역과 밝은 영역을 보정한다

예제 파일을 엽니다 **1**. 메뉴바에서 [이미지] → [조정] → [어두운 영역/밝은 영역]을 실행합니다 **2**. 어두운 영역을 밝게 보정하여 밝은 영역과의 차이를 줄였습니다 **3**.

02 포토 필터로 밤하늘의 분위기를 만든다

메뉴바에서 [레이어] → [새 조정 레이어] → [포토 필터]를 실행한 후 [속성] 패널에서 [색상]을 [R 34, G 29, B 52], [밀도: 100%], [광도 유지]를 체크 해제하면 **4** 밤하늘처럼 표현됩니다 **5**.

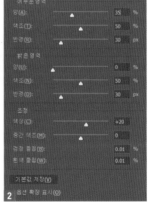

03 구름의 질감을 강조한다

메뉴바에서 [레이어] → [새 칠 레이어] → [단색]
을 실행한 후 [색상]을 [R 49, G 37, B 68]로
적용한 후  혼합 모드를 [선형 닷지(추가)]로
변경합니다 .

04 하늘에 계조를 보정한다

메뉴바에서 [레이어] → [새 조정 레이어] → [레
벨]을 실행한 후 [속성] 패널에서 그림처럼 설정
하면 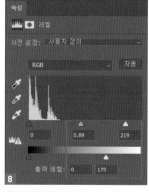 더욱 어둡게 보정됩니다 . 메뉴바에서
[레이어] → [새 조정 레이어] → [곡선]을 실행한
후 [속성] 패널에서 그림처럼 설정합니다 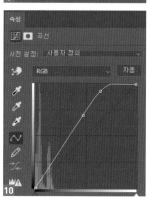. [레
이어] 패널에서 곡선 레이어의 마스크를 선택하
고 [브러시 도구] 등으로 지면에 가까운 부분만
남기고 덧칠해서 마스크 처리하여 . 하늘에 계
조를 어둡게 보정합니다 .

ONE POINT

다음과 같은 방법으로 밤하늘을 별로 장식할 수 있습니다.

1 새 칠 레이어를 검은색으로 만들고, [필터] → [픽셀화] → [메조틴트]
를 선택하고 [유형: 굵은 점]으로 적용합니다.

2 이미지의 일부를 오려서 [자유 변형]으로 화면 가득 확대합니다.

3 레이어의 혼합 모드를 [스크린]으로 변경하여 밤하늘 이미지에 겹칩
니다.

4 [필터] → [흐림 효과] → [가우시안 흐림 효과]를 선택하고 [반경: 1.5
픽셀]로 적용하여 전체적인 느낌을 부드럽게 만듭니다.

5 메뉴바에서 [이미지] → [조정] → [곡선]을 적용하여 별에 강약을 줍
니다.

이미지를 구형 파노라마처럼
역동적으로 표현하기

O11

평범한 카메라로 찍은 사진을 360° 이미지로 바꿔서 페이스북 등에서
움직이면서 볼 수 있는 사진으로 만듭니다.

Ps 예제 파일 | 011_base.jpg

O1 **이미지의 가로세로 비율을 1:2로 바꾼다**

예제 파일을 엽니다 **1**. 메뉴바에서 [이미지] →
[캔버스 크기]를 선택하고, 이미지의 가로세로
비율을 확인합니다 **2**. 이번에는 가로세로 비율
이 [1:2]가 되어야 하므로, 딱 떨어지는 숫자(여
기에서는 [폭: 6000픽셀], [높이: 3000픽셀])로
변경하고 [확인]을 누릅니다 **3**.

02 빈 공간을 채운다

캔버스 크기를 변경한 결과 생긴 빈 공간을 채우기 위해 [자동 선택 도구]를 이용해 위쪽 빈 공간을 선택하고 **4**, 메뉴바에서 [편집] → [칠]을 선택한 후 [내용: 내용 인식]으로 적용합니다 **5**. 주변 이미지에 따라 선택한 위쪽 빈 공간이 자동으로 채워집니다 **6**.

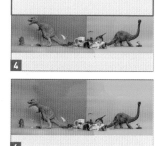

03 패치 도구로 지저분한 부분을 정리한다

자동으로 채우면 군데군데 얼룩 등 불필요한 요소가 생기므로, 이를 [패치 도구]를 사용하여 깨끗하게 정리합니다 **7**. 앞과 같은 방법으로 아래쪽 빈 공간도 채운 후 **8**, 마찬가지로 깨끗하게 정리합니다 **9**.

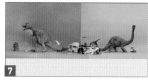

04 파노라마 레이어로 내보낸다

빈 공간을 모두 채웠다면 메뉴바에서 [3D] → [구형 파노라마] → [선택한 레이어의 새로운 파노라마 레이어]를 실행합니다. 이미지가 360°의 구형으로 변환되며, 드래그해서 어떻게 보이는지 확인할 수 있게 됩니다 **10**. 메뉴바에서 [3D] → [구형 파노라마] → [파노라마 내보내기]를 선택해서 저장합니다. PC로 파일을 열면 평범한 JPG 이미지지만, 페이스북 등에 업로드하면 360°의 구형 파노라마 사진으로 보이는 것을 확인할 수 있습니다 **11**.

ONE POINT

풍경을 제외한 사진은 구형 파노라마로 만들 때 주의가 필요합니다. 윗면과 아랫면이 될 상하 부분에 충분한 여백이 없으면 완성 이미지가 어색해 보일 수 있습니다. 한편, RICOH THETA 등 360° 사진을 촬영할 수 있는 장비로 찍은 이미지도 이 기능으로 편집할 수 있습니다.

Featured Artists: VJ/DJ/AV ensemble ADDICTIIVE TV (UK), generative artists
ARIUS WATZ (NO) and LIA (AT), 3D animator and filmmaker ROBERT SEIDEL (DE),
iimote DJ/VJ DAITO MANABE (JP), the STRUKT VJs (AT),
SD (GR), 8-bit/reggae crossover artist DISRUPT/JAHTARI.ORG, the 4 kilobytes
icrofilm coder MINAS (DE),
he Tekken theatre performers from ODD'S ENTERTAINMENT (JT) and many
ore.

미래 도시 같은 디스플레이 만들기

디스플레이가 가진 독특한 질감과 미래의 느낌을 하프톤 패턴 필터와 레이어 스타일로 만듭니다.

Ps 예제 파일 | 012_base.jpg

01 버스 정류장의 안내판을 오려낸다

예제 파일을 열고 **1**, [다각형 올가미 도구] 등을
사용하여 버스 정류장 안내판의 오른쪽 면과 왼
쪽 면을 각각 선택한 후 별개의 레이어로 복제
합니다(Ctrl + J) **2**. 원본 이미지에서 안내판
이 있던 부분을 검게 칠하고, 복제한 레이어 이
미지는 그림과 같이 옮깁니다 **3**.

O2 하프톤 패턴으로 파란 액정 질감을 낸다

전경색을 파란색(R 126, G 148, B 248)으로, 배경색을 흰색으로 설정합니다 . 오려낸 안내판 레이어 중 하나를 선택한 후 메뉴바에서 [필터] → [필터 갤러리] → [스케치 효과] → [하프톤 패턴]을 선택하고, [크기: 3], [대비: 19], [패턴 유형: 선]으로 적용합니다 5. 선택한 레이어의 안내판이 파란색 액정 느낌으로 바뀝니다 6.

O3 안내판이 빛을 발하게 표현한다

메뉴바에서 [레이어] → [레이어 스타일] → [내부 광선]과 [외부 광선]을 차례로 적용합니다. 이때 [외부 광선]은 [혼합 모드: 핀 라이트], 색상은 파란색(R 212, G 244, B 255)으로 적용합니다 7 8 9. 안내판이 빛을 발합니다 10.

O4 선형 라이트로 붕 뜬 느낌을 낸다

[레이어] 패널에서 혼합 모드를 [선형 라이트]로, [불투명도: 80%]로 변경합니다. 이로써 안내판이 붕 떠 있는 것처럼 연출됩니다 11. 같은 방법으로 나머지 안내판 레이어를 보정합니다 12.

013
움직임 잔상이 남은 개체를 자연스럽게 오려내기

마스크를 조절하면 움직이는 잔상이 남은 피사체도 자연스럽게 오려낼 수 있습니다.

Ps 예제 파일 | 013_base.jpg

01 올가미 도구로 대상물을 오려낸다

예제 파일을 열고 **1**, [올가미 도구]로 중앙의 자동차를 러프하게 선택합니다 **2**. [레이어] 패널에서 [레이어 마스크 추가]를 실행하면 화면에 선택 영역만 보입니다 **3**. 화면을 보면 오려낸 이미지의 경계가 뚜렷하여 잔상이 제대로 표현되지 않으므로 부드럽게 처리해 보겠습니다.

02 마스크 가장자리를 흐리게 한다

[레이어] 패널에서 마스크를 선택한 후 [속성] 패널에서 [다듬기]에 있는 [선택 및 마스크]를 클릭합니다 **4**. 마스크 설정 화면이 열리면 [페더: 6.5픽셀], [가장자리 이동: 25%]로 적용하면 **5** 이미지 경계가 약간 흐려집니다 **6**.

03 흐림 필터로 잔상을 더한다

이동하는 듯한 잔상을 표현하기 위해 마스크를
선택한 상태로 메뉴바에서 [필터] → [흐림 효과]
→ [동작 흐림 효과]를 선택한 후 미리 보기를 확
인하면서 [각도: 4°] 정도로 설정합니다 . 이동
에 의한 잔상이 조금 추가되었습니다 .

04 가장자리를 부드럽게 한다

여전히 조금 부자연스러운 느낌이므로, [속성]
패널에서 [선택 및 마스크]를 클릭한 후 [가장자
리 이동: −20%]로 적용합니다 9. 조금 전보다
가장자리가 부드러워진 느낌입니다 .

05 브러시 도구로 세부를 수정한다

화면 배율을 확대하여 세부적으로 확인하면서
[가장자리 이동]의 영향으로 사라진 부분이 있다
면  [브러시 도구](여기에서는 [부드러운 원]을
사용)로 마스크 영역을 보정합니다 . 아래쪽에
새 레이어를 추가한 후 색을 채워서 제대로 오
려졌는지 확인합니다 13.

ONE POINT

잔상 처리는 세밀한 작업이므로, 마지막에 [브
러시 도구] 등을 이용하여 직접 마스크를 보정
해야 합니다. 또한 다른 이미지에 깔끔하게 합
성하고 싶다면 합성할 이미지의 배경을 오려
낸 이미지와 같은 방법으로 흐리게 처리하면
좀 더 자연스럽게 합성할 수 있습니다.

LOVEULL

Nail

RENEWAL OPEN

福岡市中央区天神2丁目4−13 天神矢野ビル2F

西鉄天神駅
中央口・南口 徒歩5分

地下鉄天神駅
西-10・西-12b出口 徒歩5分

014

가장자리가 끊기지 않는 랜덤 패턴 만들기

오프셋 필터를 사용하면 복잡해 보이는 랜덤 패턴을 간단히 만들 수 있습니다.

Ps 예제 파일 | 014_base.jpg

01 새 문서에 무늬를 배치한다

새 문서를 [폭: 1000픽셀], [높이: 1000픽셀]의 정사각형으로 만듭니다. 문서의 크기는 자유롭게 설정해도 되지만, 나중에 원활하게 작업하기 위해 2로 나눌 수 있는 값으로 설정하는 것이 좋습니다. 준비한 무늬를 배치한 후 캔버스 크기에 맞춰 채웁니다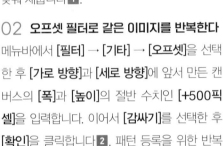

02 오프셋 필터로 같은 이미지를 반복한다

메뉴바에서 [필터] → [기타] → [오프셋]을 선택한 후 [가로 방향]과 [세로 방향]에 앞서 만든 캔버스의 [폭]과 [높이]의 절반 수치인 [+500픽셀]을 입력합니다. 이어서 [감싸기]를 선택한 후 [확인]을 클릭합니다 . 패턴 등록을 위한 반복 이미지가 완성됩니다 .

03 이미지 가장자리가 이어지게 만든다

반복 이미지를 보면 반복되는 부분에서 끊긴 무늬들이 있습니다 . 원본 이미지를 복사 & 붙여넣기 해서 화면에 보이는 모든 끊긴 부분들이 자연스럽게 연결되도록 배치합니다 . 혹은 [브러시 도구]로 잘린 부분을 지웁니다. 끊김 없이 자연스럽게 연결한 후에는 메뉴바에서 [편집] → [패턴 정의]를 선택해서 패턴으로 등록합니다.

ONE POINT

패턴은 작은 화면으로 볼 때는 문제없어 보이더라도 어느 정도 반복 배치되면 치우친 부분이 눈에 띄게 됩니다. 특히 랜덤한 무늬를 만들 때는 반복 배치된 상태를 확인하면서 조정하는 편이 좋습니다.

MOUNTAIN MONSTER

4th ALUBAM

NEW EP '白鯨と獣' RELEASE

DATE

8 / 20 / 2018

여름 사진을 겨울 느낌으로 보정하기

대비와 색온도를 변경함으로써 여름 풍경을 겨울 느낌으로 바꿀 수 있습니다.

Ps 예제 파일 | 015_base.jpg

A·M·S LOOPS   AMS

015

01 색상 범위로 들판의 녹색을 선택한다

예제 파일을 엽니다 . 메뉴바에서 [선택] →
[색상 범위]를 선택한 후 스포이드로 화면의 들
판 부분을 클릭한 다음 녹색의 풀만 선택되도록
[허용량]을 조정하여 적용합니다  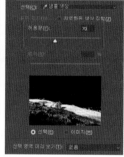.

02 흰색으로 바꾸고 질감을 더한다

메뉴바에서 [레이어] → [새로 만들기] → [레이
어]를 실행한 후 선택 범위를 흰색으로 채우고,
레이어의 [불투명도]를 70%로 변경합니다. 메
뉴바에서 [필터] → [필터 갤러리] → [예술 효과]
→ [필름 그레인]을 선택한 후 [그레인: 20], [강
도: 10]을 적용하면  흰색으로 칠한 부분에 질
감이 더해집니다 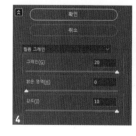. 복제한 레이어를 선택하고
[Ctrl] | [C]를 눌러 배경 레이어와 병합합니다.

03 색조/채도로 바랜 느낌을 낸다

메뉴바에서 [레이어] → [새 조정 레이어] → [색조/채도]를 실행한 후 [속성] 패널에서 빨강, 노랑, 녹색, 녹청, 파랑 계열을 다음과 같이 보정하면 **6**~**10** 바랜 느낌을 연출할 수 있습니다 **11**.

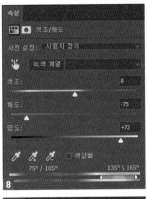

04 전체 색감을 파랗게 바꾼다

메뉴바에서 [레이어] → [새 조정 레이어] → [포토 필터]를 실행한 후 [속성] 패널에서 색상을 [#b3d6e5]로 변경하여 전체의 색감에 더욱 파란 기를 더합니다 **12** **13**. 배경 레이어를 선택한 상태에서 메뉴바에서 [레이어] → [새 조정 레이어] → [곡선]을 실행하여 전체의 대비를 낮추면서 동시에 밝게 만듭니다 **14** **15**.

ONE POINT

예제 이미지에서 들판의 녹색이 강했기에 흰색을 채워 눈이 쌓인 느낌을 표현했습니다.

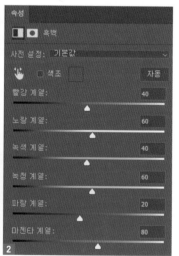

016

옛날 흑백 인쇄 느낌 표현하기

인쇄 때문에 생겨나는 세부의 뭉개짐이나 번짐을 팔레트 나이프 필터와 그레인 필터로 표현합니다.

Ps 예제 파일 | 016_base.jpg

01 흑백 이미지로 바꾼다

예제 파일을 엽니다 **1**. 메뉴바에서 [레이어] → [새 조정 레이어] → [흑백]을 선택한 후 기본 설정으로 적용하여 **2** 흑백 이미지로 변환합니다 **3**.

02 대비를 낮추면서 전체를 밝게 키운다

메뉴바에서 [레이어] → [새 조정 레이어] → [레벨]을 적용한 후 [속성] 패널에서 대비를 낮추고, 동시에 전체를 밝게 보정합니다 ④ ⑤.

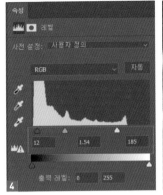

03 팔레트 나이프 필터로 윤곽을 변형한다

[배경] 레이어를 선택합니다. 메뉴바에서 [필터] → [필터 갤러리] → [예술 효과] → [팔레트 나이프]를 선택한 후 [획 크기: 14, 획 세부: 1, 부드러움: 10]으로 설정하면 ⑥ 전체의 윤곽이 랜덤하게 변형됩니다 ⑦. 계속해서 [필터] → [필터 갤러리] → [텍스처] → [그레인]을 선택한 후 [강도: 64, 대비: 49, 그레인 유형: 덩어리]로 설정하면 ⑧ 인쇄된 것처럼 노이즈가 추가됩니다 ⑨.

04 흐림 필터로 전체를 흐리게 한다

메뉴바에서 [필터] → [흐림 효과] → [가우시안 흐림 효과]를 선택한 후 [반경: 3.5픽셀]로 적용하여 ⑩ 전체를 흐리게 처리합니다 ⑪.

ONE POINT

[팔레트 나이프] 필터를 적용하여 이미지를 랜덤하게 변형했지만, 소재에 따라서는 [필터 갤러리]의 [뿌리기]나 [도장] 등으로도 같은 효과를 얻을 수 있습니다.

017
2도 인쇄 느낌으로 보정하기

실제 인쇄 시에는 듀오톤을 사용하지만, 여기서는 한계값과 그레이디언트 맵을 사용해 유사한 느낌으로 재현해 봅니다.

Ps 예제 파일 | 017_base.jpg

---

01 Camera Raw 필터로 대비를 낮춘다

예제 파일을 엽니다 **1**. 메뉴바에서 [필터] → [Camera Raw 필터]를 선택한 후 깔끔하게 한계값을 적용할 수 있도록 어두운 영역은 밝게 키우고 전체의 대비를 낮춥니다. 여기서는 [밝은 영역: −100], [어두운 영역: +81], [흰색 계열: −100], [검정 계열: +100]으로 설정했습니다 **2**.

02 한계값을 적용해 파란색 영역을 만든다

메뉴바에서 [레이어] → [새 조정 레이어] → [한계값]을 실행한 후 [속성] 패널에서 [한계값 레벨: 137] 정도로 적용하여 **3** 어두운 영역이 칠해지도록 보정합니다 **4**.

03 그레이디언트로 칠한다

메뉴바에서 [레이어] → [새 조정 레이어] → [그레이디언트 맵]을 실행한 후 [속성] 패널에서 파란색(R 104, G 95, B 255)이 흰색으로 바뀌는 그레이디언트로 설정합니다 **5 6**.

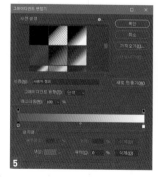

04 한계값을 적용해 노란색 영역을 만든다

[레이어] 패널에서 [배경] 레이어를 복제한 후 맨 위에 배치합니다. 앞과 같은 방법으로 [한계값] 조정 레이어를 추가한 후 그림과 같이 [한계값 레벨]을 조절합니다 **7** **8**.

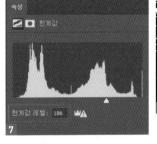 

05 그레이디언트로 칠한다

앞과 같은 방법으로 [그레이디언트 맵] 조정 레이어를 추가한 후 흰색에서 노란색(R 255, G 216, B 0)으로 바뀌는 그레이디언트로 설정합니다 **9** **10**. 이렇게 파란색 영역과 노란색 영역이 구분되었습니다.

06 레이어를 어긋나게 배치한다

위에 있는 2개의 조정 레이어(한계값, 그레이디언트 맵)를 복제된 이미지 레이어에 클리핑 마스크 처리하고, 복제된 이미지 레이어의 혼합 모드를 [곱하기]로 변경합니다 **11** **12**. 이어서 원본 또는 복제된 이미지 레이어의 위치를 살짝 변경하여 어긋나게 배치하여 인쇄에서 핀이 나간 느낌을 연출합니다 **13**.

ONE POINT

보정 방법을 조금 바꿈으로써 다른 인상을 주는 이미지를 만들 수 있습니다. 예시 **1**은 위의 과정 중 두 색상 영역의 [한계값 레벨]을 같은 수치로 적용한 예입니다. 이미지가 두 가지 색으로 완전히 나뉘게 됩니다. 예시 **2**는 하나의 이미지 레이어를 이용하되 [그레이디언트 맵] 조정 레이어에서 **3**처럼 파란색 계열과 노란색 계열로 그레이디언트를 적용하였습니다. 그러면 세 가지 색으로 나뉘어 칠한 것 같은 톡톡 튀는 결과물이 만들어집니다.

  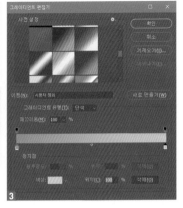

깨끗한 유리창 이미지를 흐림 효과와 왜곡으로 부옇게 표현합니다.

Ps 예제 파일 | 018_base.jpg

01 전체를 흐리게 한 후 대비를 낮춘다

예제 파일을 열고 [배경] 레이어를 복제합니다
1. 메뉴바에서 [필터] → [흐림 효과] → [가우시안 흐림 효과]를 선택하고 [반경: 32픽셀]로 적용하여 이미지를 흐리게 만듭니다 2. 메뉴바에서 [레이어] → [새 조정 레이어] → [곡선]을 적용하고 [속성] 패널에서 대비를 낮춥니다 3 4.

02 전체의 채도를 낮춘다

메뉴바에서 [레이어] → [새 조정 레이어] → [색조/채도]를 선택한 후 [채도: -30]으로 적용하여 5 채도를 낮춥니다 6.

03 구름 효과 필터로 무늬를 만들어 겹친다

메뉴바에서 [레이어] → [새로 만들기] → [레이어]를 실행한 후 전체를 검은색으로 채웁니다. 전경색은 검은색, 배경색은 흰색으로 설정한 상태에서 [필터] → [렌더] → [구름 효과 2]를 3회 반복합니다 . 필터로 만든 이미지 일부를 선택한 후  [자유 변형]([Ctrl]+[T])으로 화면보다 더 크게 확대해서 배치합니다 . 레이어의 혼합 모드를 [스크린], [불투명도: 40%]로 설정하여 이미지를 겹칩니다 .

04 결로와 물방울을 표현한다

복제된 이미지 레이어와 구름 효과 레이어를 병합하고 [레이어 마스크 추가]를 실행합니다. [브러시 도구]를 선택하고 [원형 수채화 효과]로 설정한 후 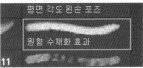 유리창 결로를 닦는 것처럼 화면에서 자연스럽게 드래그합니다 . 이어서 물방울이 흘러내린 흔적도 표현합니다 . [원형 수채화 효과] 브러시가 없다면 레거시 브러시를 추가하면 됩니다.

05 유리 필터로 창이 젖은 느낌을 준다

[배경] 레이어를 추가로 복제하여 맨 위에 배치합니다. 메뉴바에서 [필터] → [필터 갤러리] → [왜곡] → [유리]를 선택하고 [왜곡: 11], [매끄러움: 12], [텍스처: 결빙 효과], [비율: 200%]로 적용하여 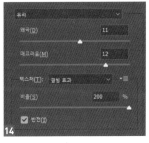 창이 젖은 분위기를 더한 후  레이어의 혼합 모드를 [밝게 하기]로 설정하여 자연스럽게 겹칩니다 .

06 결로 부분만 어둡게 한다

결로가 표현된 레이어를 선택하고, 메뉴바에서 [레이어] → [새 조정 레이어] → [색조/채도]를 선택한 후 [채도: -49]로 적용하여 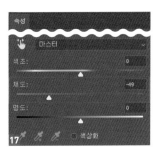 어둡게 보정합니다 .

손으로 그린 청사진 투시도처럼 표현하기

가장자리 찾기 필터로 피사체의 윤곽선을 찾은 후 패턴과 연필 도구 등을 사용하여
청사진 투시도처럼 표현할 수 있습니다.

Ps 예제 파일 | 019_base.psd, 019_paper.jpg

019

01 흑백 이미지로 바꾼다

예제 파일을 열고 **1** 이미지의 윤곽선을 쉽게
찾을 수 있도록 메뉴바에서 **[레이어] → [새 조정
레이어] → [흑백]**을 적용하여 흑백 이미지로 바
꿉니다 **2 3**.

02 윤곽선을 검출하고 색상을 반전한다

[배경] 레이어를 선택합니다. 메뉴바에서 **[필터]**
→ [스타일화] → [가장자리 찾기]를 적용하여 이
미지의 윤곽선을 찾습니다 **4**. 메뉴바에서 **[이미
지] → [조정] → [반전]**을 실행하여 이미지의 색
상을 반전시킵니다 **5**.

03 배경을 지우고 종이 텍스처를 배치한다

[올가미 도구] 등을 사용하여 불필요한 배경을 삭제합니다 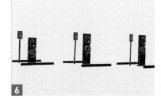. 아래에 빈 레이어를 추가한 후 종이 느낌의 이미지(019_paper.jpg)를 배치합니다 . 다시 [배경] 레이어를 선택한 후 혼합 모드를 [스크린]으로 변경하여 종이 텍스처와 어우러지게 합니다 .

04 이미지 전체를 바둑판 무늬로 채운다

메뉴바에서 [레이어] → [새 칠 레이어] → [패턴]을 실행한 후 바둑판 무늬 패턴으로 채우고   [레이어] 패널에서 [배경]과 종이 레이어 사이에 배치합니다 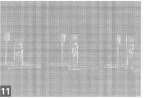. 여기서 사용한 패턴은 [Grid1]로, 최신 버전에서는 [패턴] 패널을 열고 [레거시 패턴 및 기타]를 추가해야 사용할 수 있습니다.

05 색상을 반전하여 흰색 선으로 만든다

패턴 레이어에서 마우스 우클릭한 후 [레이어 래스터화]를 실행하고, 메뉴바에서 [이미지] → [조정] → [반전]을 실행하여 흰색 선으로 만듭니다 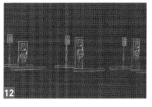. 반전 후 혼합 모드를 [소프트 라이트], [불투명도: 30%]로 변경하여 종이 이미지와 혼합합니다 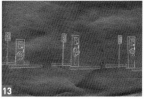.

06 테두리를 넣고 보조선을 그린다

[사각형 도구]로 화면 가득 사각형을 그린 후 다음과 같이 설정하고 , [레이어] 패널에서 사각형 레이어를 맨 위에 배치합니다 . 끝으로 [연필 도구]를 사용하여 투시도를 연상시키는 흰색 보조선을 그립니다 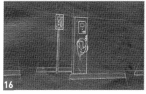.

ONE POINT

[가장자리 찾기]의 결과는 원본 이미지의 대비에 따라 달라집니다. 원본 이미지 자체를 훼손하지 않은 채 필터를 적용하고 싶다면 원본 이미지 레이어에서 마우스 우클릭하고 [고급 개체로 변환]을 실행한 후에 필터를 적용해 보세요. 레이어 형태로 필터가 적용되어 언제든 옵션 수치를 조절하거나 손쉽게 처음으로 되돌릴 수 있습니다.

RACOON Cafe

ESTD 2018

질감이 있는 종이에 인쇄한 것 같은 로고 만들기

레이어 스타일과 혼합 모드를 조합하여 2장의 이미지를 합성합니다.

020

Ps 예제 파일 | 020_base.jpg, 020_logo.png

01 텍스처 위에 이미지를 배치한다

크래프트지 재질의 예제 파일(020_base.jpg)을 엽니다 **1**. 메뉴바에서 **[파일] → [포함 가져오기]**를 선택한 후 준비한 로고 이미지(020_logo.png)를 찾아 배치합니다 **2**. 준비한 로고 이미지가 컬러라면 미리 흑백으로 바꿔 두어야 합니다.

02 합성할 이미지를 색상으로 채운다

[레이어] 패널에서 로고 이미지 레이어를 선택합니다 . 메뉴바에서 [레이어] → [레이어 스타일] → [색상 오버레이]를 선택하여 [레이어 스타일] 창이 열리면 [혼합 모드: 스크린]을 설정하고 [색상]을 원하는 색으로 변경합니다. 여기서는 [R 175, G 100, B 80]으로 설정했습니다 ④ ⑤. 화면을 보면 로고 이미지가 선택한 색상으로 칠해집니다 ⑥.

03 혼합 모드를 변경해 이미지를 합성한다

[레이어 스타일] 창의 왼쪽 목록에서 [혼합 옵션]을 선택합니다. 이어서 [혼합 모드: 곱하기], [고급 혼합]의 [내부 효과를 그룹으로 혼합]에 체크한 후 [확인]을 눌러 적용합니다 ⑦ ⑧.

문자 형태로 사진 오려내기

021

벡터 레이어 마스크를 사용하여 필요한 범위 이외의 부분을 투명하게 합니다.

Ps 예제 파일 | 021_base.jpg

01 오려내기에 사용할 문자를 입력한다

예제 파일을 열고 **1**. [수평 문자 도구]를 사용하여 자유롭게 글꼴과 크기를 지정한 후 원하는 문구를 입력합니다 **2 3**. 입력한 문구 안쪽에 사진이 표시될 것이므로, 어느 정도 굵은 글꼴을 지정하세요.

ONE POINT

여기에서 사용한 [Kestrel Script Regular] 글꼴은 Adobe Fonts를 사용해 활성화할 수 있습니다.

02 문자 레이어 바탕에 작업 패스를 만든다

메뉴바에서 [문자] → [작업 패스 만들기]를 실행하여 문자 형태로 패스를 만듭니다 4 . 패스가 만들어지면 문자 레이어의 [눈] 아이콘을 클릭해서 가려 둡니다 5 6 .

03 작업 패스를 벡터 마스크로 설정한다

[레이어] 패널에서 [배경] 레이어를 선택한 후 [패스] 패널을 열고 [작업 패스]가 선택된 것을 확인합니다 7 . 메뉴바에서 [레이어] → [벡터 마스크] → [현재 패스]를 실행합니다. 다시 [레이어] 패널을 보면 사진 레이어에 벡터 마스크가 추가되어 있습니다 8 . 이제 [자르기 도구] 등을 이용해 원하는 크기로 오려냅니다 9 . 완성한 결과물은 앞 페이지의 활용 이미지처럼 바탕에 텍스처 이미지를 배치해 꾸며 보세요.

022
간판을 다른 이미지로 바꾸기

레이어 마스크와 자유 변형을 이용해 사진을 합성합니다.

Ps 예제 파일 | 022_base.psd, 022_design.psd

01 합성할 범위를 선택한다

예제 파일을 엽니다 1. 우선 이미지 합성 범위를 선택해야 합니다. 간판 부분을 보니 조명 등 복잡한 형태의 물건이 있으므로 패스를 사용하는 게 좋겠습니다. [펜 도구]를 선택하고 옵션바에서 [도구 모드: 패스]로 설정한 후 2 이미지를 합성할 영역의 윤곽선을 따라 패스를 만듭니다. 조명 도구의 틈새 등 안쪽에 빈 부분도 빼먹지 말고 작업하세요 3. [패스] 패널에서 [작업 패스]를 선택한 후 [패스를 선택 영역으로 불러옵니다]를 클릭하면 4 패스가 선택 영역으로 변경됩니다 5.

02 선택한 범위에 이미지를 붙여넣는다

준비한 합성용 이미지(022_design.psd)를 열고, 전체를 선택해서 복사합니다 6. 작업 중이던 창으로 돌아와 메뉴바에서 [편집] → [특수 붙여넣기] → [안쪽에 붙여넣기]를 실행합니다. 새 레이어에서 선택 영역 안쪽으로 이미지가 붙여넣어지며, 선택 영역 모양대로 레이어 마스크가 만들어집니다. 이때 레이어와 레이어 마스크의 링크는 해제 상태입니다 7.

03 형태를 맞추고 혼합 모드로 마무리한다

[자유 변형]([Ctrl]+[T])으로 네 모퉁이의 핸들을 조절하여 간판 형태에 맞춥니다 8. 화면을 확대해서 정확하게 맞추세요. 합성할 이미지의 끝이 보이지 않도록 선택 영역보다 아주 살짝 키워야 합니다 9. 혼합 모드를 [곱하기]로 변경하여 흰색 바탕과 자연스럽게 합성합니다 10.

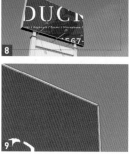

023
손글씨를
사진에 합성하기

종이에 쓴 손글씨를 스캔하여 흑백으로 변환하고, 레벨을
보정하여 사진에 합성합니다.

Ps 예제 파일 | 023_base.psd, 023_text.psd

01 손글씨를 스캔하여 흑백으로 변환한다

손글씨를 직접 써서 스캔하거나 카메라로 촬영
한 이미지(023_text.psd)를 열고, 전체의 음영
을 최대한 균일하게 보정합니다. 불필요한 범위
가 있다면 필요한 부분만 잘라냅니다 **1**. 메뉴바
에서 [이미지] → [조정] → [흑백]을 선택한 후
기본값으로 적용하면 **2** 이미지가 흑백으로 변
환됩니다 **3**. 메뉴바에서 [이미지] → [조정] →
[반전]을 실행하여 이미지를 반전합니다 **4**.

02 손글씨를 붙여넣고 고급 개체로 변환한다

보정한 손글씨 이미지를 복사한 후 배경 이미지
(023_base.psd)를 열고 붙여넣습니다 **5**. [레
이어] 패널에서 손글씨 레이어를 마우스 우클릭
한 후 [고급 개체로 변환]을 실행합니다 **6**.

03 대비를 조정하여 배경 사진에 합성한다

손글씨 레이어가 선택된 상태로 메뉴바에서 [이
미지] → [조정] → [레벨]을 선택한 후 다음과 같
이 전체의 대비를 보정합니다 **7 8**. [레이어] 패
널에서 혼합 모드를 [스크린]으로 변경합니다 **9**.
손글씨 주변의 흰 얼룩은 [지우개 도구]로 지웁
니다.

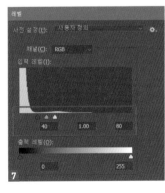

024

사진의 일부분만
컬러로 표현하기

고급 필터의 마스크를 사용하여 이미지의 일부를 대
상으로 설정하고, 색조 보정으로 흑백으로 바꿉니다.

Ps 예제 파일 | 024_base.psd

01 빠른 선택 도구의 브러시 설정을 한다

예제 파일을 엽니다 **1**. 가운데 있는 꽃만 컬러
로 남기고, 다른 범위를 흑백으로 바꾸기 위해
우선 동백꽃을 선택해야 합니다. [빠른 선택 도
구]를 선택한 후 옵션바에서 그림처럼 설정합니
다 **2**. 브러시의 [크기]는 이미지에 맞춰서 적절
하게 조절하면 됩니다 **3**. 여기에서는 [64픽셀]
로 설정했습니다.

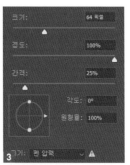

02 색을 남기고 싶은 범위를 선택한다

꽃잎 부분을 드래그하면 자동으로 비슷한 색만
선택됩니다. 꽃잎 이외의 부분까지 선택했다면
Ctrl + Z를 눌러 취소한 후 다시 시도합니다
4. 원하는 부분을 선택 영역으로 지정했다면
메뉴바에서 [선택] → [반전]을 실행하여 선택 영
역을 반전시킵니다 **5**.

03 배경을 흑백으로 변환한다

메뉴바에서 [필터] → [고급 필터용으로 변환]을
실행하여 레이어를 고급 개체로 변환합니다 **6**.
메뉴바에서 [이미지] → [조정] → [흑백]을 선택
한 후 각 슬라이더로 배경의 농도를 조절하여
적용합니다 **7**.

025

간단히 쨍한 색으로 변경하기

명도의 영역별로 색상 채널을 변경하여 색을 나누어 칠합니다.

Ps 예제 파일 | 025_base.jpg

01 선택 색상을 이용해 쨍한 색으로 바꾼다

예제 파일을 엽니다 **1**. 메뉴바에서 [레이어] → [새 조정 레이어] → [선택 색상]을 실행한 후 [속성] 패널에서 [검정 계열](어두운 영역)을 노란색에 가깝게 **2**, [중간색]을 분홍색에 가깝게 **3**, [흰색 계열](밝은 영역)을 파란색에 가깝게 보정합니다 **4**. 계속해서 [마젠타 계열](마젠타 100%), [파랑 계열](녹청 100%, 마젠타 100%), [녹청 계열](녹청 100%, 마젠타 100%), [녹색 계열](노랑 100%), [노랑 계열](노랑 100%), [빨강 계열](마젠타 100%, 노랑 100%)을 각각 보정하면 쨍한 색으로 변경됩니다 **5**.

02 곡선으로 대비를 높인다

메뉴바에서 [레이어] → [새 조정 레이어] → [곡선]을 선택한 후 전체의 대비를 크게 높입니다 **6 7**.

ONE POINT

바탕이 되는 소재에 따라 보정 방법이 다소 다릅니다. 이번에는 모든 색상 계열별로 보정을 했지만, 바탕 이미지의 색조에 따라서는 [검정 계열], [중간색], [흰색 계열]만 보정해도 좋을 때도 있습니다.

배경을 흐리게 하여 피사체를 돋보이게 하기

흐림(렌즈) 필터와 알파 채널을 사용하여 피사체의 배경을 흐리게 합니다.

Ps 예제 파일 | 026_base.psd

026

01 흐리게 만들 범위를 선택한다

예제 파일을 열면 먼 곳에 있는 산과 바로 앞의 지면을 제외한 거의 모든 영역과 핵심 피사체인 비행기가 명확하게 구분되지 않습니다. 그러므로 배경만 흐리게 처리하여 비행기만 돋보이도록 보정해 보겠습니다. 우선 [사각형 선택 윤곽 도구]를 사용하여 비행기 아래에 있는 활주로를 감싸듯 선택합니다 **1**.

02 선택 영역을 알파 채널로 변환한다

[채널] 패널에서 [선택 영역을 채널로 저장합니다]를 클릭하여 선택 영역이 [알파 1]로 저장되면 [눈] 아이콘을 켜고 선택을 해제합니다 **2**. 화면을 보면 사진과 알파 채널이 오버레이 표시됩니다 **3**.

03 알파 채널 이미지에 흐림 효과를 넣는다

[채널] 패널에서 [알파 1]을 선택합니다. 메뉴바에서 [필터] → [흐림 효과] → [가우시안 흐림 효과]를 선택한 후 [반경: 120픽셀]로 적용합니다 . 알파 채널의 이미지에 흐림 효과가 더해져 그레이디언트처럼 표현됩니다 . 이번에는 메뉴바에서 [이미지] → [조정] → [레벨]을 선택한 후 [자동]을 클릭하고 [확인]을 클릭해서 흐리게 만든 이미지의 대비를 높입니다 .

04 피사체의 윤곽선을 따라 패스를 만든다

[알파 1]의 [눈] 아이콘을 다시 끄고, [RGB]를 선택합니다 . [펜 도구]를 선택하고 옵션바에서 [도구 모드: 패스]로 설정한 후 비행기의 윤곽선을 따라 패스를 만듭니다  .

05 알파 채널을 패스의 형태로 칠한다

[채널] 패널에서 다시 [알파 1]을 선택합니다. [패스] 패널에서 앞서 만든 [작업 패스]를 선택한 후 Alt 를 누른 채 [전경색으로 패스를 칠합니다]를 클릭합니다 . [패스 칠] 창이 열리면 [내용: 흰색]으로 적용합니다 11. 다시 [패스] 패널에서 빈 공간을 클릭하여 [작업 패스] 선택을 해제하면 그레이디언트처럼 표현된 알파 채널 이미지에 피사체의 실루엣이 표현됩니다 12.

06 밝기에 따라서 이미지를 흐리게 한다

[채널] 패널에서 [RGB]를 선택하여 본래 색으로 표시합니다. 메뉴바에서 [필터] → [흐림 효과] → [렌즈 흐림 효과]를 선택한 후 [깊이 맵]에서 [소스: 알파 1]로 선택하고, [반전]에 체크하면 알파 채널의 밝기에 따라 흐림 효과가 적용됩니다. 추가로 [조리개]에서 [반경: 35]로 설정합니다 13.

027

색수차로
빛의 번짐 표현하기

RGB 채널을 조금씩 어긋나게 배치함으로써 색수차(색의 어긋남)와 유사한 효과를 만듭니다.

Ps 예제 파일 | 027_base.jpg

01 RGB 색상으로 변환한다

예제 파일을 엽니다 **1**. 이번 작업은 모드가 RGB 색상이어야 하므로, 메뉴바에서 [이미지] → [모드] → [RGB 색상]이 체크된 상태인지 확인합니다 **2**. 만약 다른 모드에 체크되어 있다면 [RGB 색상]을 선택하면 됩니다.

02 빨강 채널만 선택한다

[채널] 패널에서 [빨강]을 클릭해 선택하면 **3** 화면에 빨강 채널만 표시됩니다 **4**. 이대로는 작업 상태를 알기 어려우므로 [RGB]의 [눈] 아이콘을 클릭해서 표시 상태를 되돌립니다 **5**. 현 시점의 [채널] 패널은 모든 채널의 [눈] 아이콘이 켜져 있고, [빨강] 채널만 선택된 상태입니다.

03 채널 이미지를 이동한다

[이동 도구]를 선택한 후 키보드의 방향키를 눌러 한쪽 방향으로 조금씩 이동합니다. 이미지의 상태를 확인해 보면 빨강 요소만이 조금씩 어긋나는 것을 알 수 있습니다 **6**. 적당한 수준으로 이동했다면 [파랑] 채널만 선택한 후 한쪽 방향으로 조금씩 이동해 주세요 **7**. [빨강] 채널과는 반대 방향으로 이동하는 것이 포인트입니다. [RGB] 채널을 선택하여 표시를 되돌립니다 **8**.

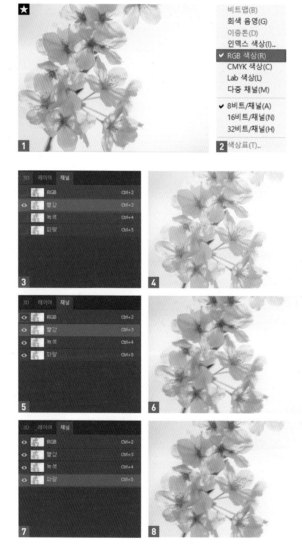

Free as a Bird

028
배경을 확장해 여백 만들기

내용 인식 비율 기능을 사용하여 피사체를 변형하지 않고 배경만 확장합니다. 사진에 문구 등을 입력하려면 한쪽으로 넉넉한 여백이 있어야 균형이 잘 맞아 보입니다. 만약 피사체가 중앙에 배치된 구도라면 간단한 방법으로 한쪽에 여백을 만들 수 있습니다.

Ps 예제 파일 | 028_base.psd

01 필요한 여백만큼 캔버스 크기를 늘린다

예제 파일을 엽니다 **1**. [레이어] 패널에서 [배경] 레이어의 [자물쇠] 아이콘을 클릭하여 일반 레이어로 변환합니다 **2**. 다음으로 메뉴바에서 [이미지] → [캔버스 크기]를 선택한 후 [폭: 200 퍼센트]로 적용합니다 **3**. 사진 좌우로 50%씩 여백이 추가됩니다 **4**.

02 배경을 확대해 확장한 여백을 채운다

메뉴바에서 [편집] → [내용 인식 비율]을 실행하면 이미지 주변에 핸들이 표시됩니다 **5**. Shift 를 누른 채 좌우의 핸들을 드래그하여 여백을 채웁니다 **6**. 내용을 인식하여 비율이 조정되므로 단순히 가로세로 비율을 바꾸는 것과는 다르게 피사체가 변형되지 않고 배경만 확장됩니다. Enter 를 눌러 변형을 마칩니다. 이어서 필요한 쪽 여백을 남기고 나머지는 잘라냅니다.

029
색감의 차이를 남기면서 흑백으로 바꾸기

흑백 기능을 사용하여 색감별로 농도를 조정하면서
흑백 이미지로 변환합니다.

Ps **예제 파일** | 029_base.psd

01 채도를 낮춰 색 차이를 확인한다

예제 파일을 열면 노란색과 주황색 꽃이 있습니다 **1**. 메뉴바에서 [이미지] → [조정] → [채도감소]를 실행하면 간단하게 흑백 사진으로 변경됩니다. 하지만 꽃의 색 차이가 거의 반영되지 않고, 꽃의 디테일도 뭉개집니다 **2**. Ctrl + Z 를 눌러 실행을 취소합니다.

02 원본 사진의 색을 개별적으로 조정한다

색 차이를 가급적 유지한 채 흑백으로 변환하기 위해 메뉴바에서 [이미지] → [조정] → [흑백]을 선택하면 [흑백] 창이 열리고 색상 계열별로 농도를 조절할 수 있는 슬라이더가 표시됩니다 **3**.

03 이미지를 확인하면서 색상을 보정한다

원본 이미지의 색상을 고려하여 [흑백] 창에서 슬라이더를 조절하면서 화면의 변화를 확인해 보세요. 여기에서는 주변의 녹색을 약하게 하여 꽃의 색이 돋보이게 하기 위해 [녹색 계열]을 조금 낮췄고, 노란색 꽃의 디테일을 살리고자 [노랑 계열]을 조금 높였습니다. 이외에도 그림을 참고하여 각 슬라이더를 조절하면 **4** 꽃의 색감 차이를 유지한 흑백 사진이 완성됩니다 **5**.

030
전체적으로 어두운 사진의 계조 조정하기

어둡게 찍힌 사진이라도 어두운 영역/밝은 영역 기능과 곡선 기능으로 어느 정도 밝게 보정할 수 있습니다.

Ps 예제 파일 | 030_base.jpg

01 너무 어두운 부분을 밝게 키운다

예제 파일을 엽니다 **1**. 메뉴바에서 [이미지] → [조정] → [어두운 영역/밝은 영역]을 선택한 후 [옵션 확장 표시]에 체크하여 옵션을 확장한 다음 그림을 참고하여 각 영역을 설정합니다 **2** **3**.

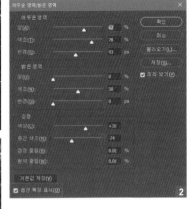

02 곡선에서 원하는 색으로 보정한다

메뉴바에서 [레이어] → [새 조정 레이어] → [곡선]을 선택한 후 그림처럼 [빨강], [녹색], [RGB] 채널을 보정합니다 **4** ~ **7**.

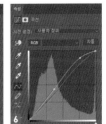

ONE POINT

어두운 영역을 보정할 때는 [Camera Raw] 필터도 사용할 수 있습니다. 이미지의 상태에 따라서는 이쪽이 더 깔끔하게 보정되기도 합니다.

Lens Correction

031
기울기 보정하기

이미지의 기울기는 렌즈 교정 필터나 눈금자 도구로 간단히 보정할 수 있습니다.

Ps 예제 파일 | 031_base.psd

01 렌즈 교정 필터를 사용한다

예제 파일을 열어 보면 미세하게 왼쪽으로 기울어져 있습니다 **1**. 이를 보정하기 위해 메뉴바에서 [필터] → [렌즈 교정]을 실행합니다. [렌즈 교정] 창이 열리면 [똑바르게 하기 도구]를 선택하고 수평선에 맞춰 드래그합니다 **2**. 그러면 자동으로 각도가 보정됩니다 **3**. 이렇게 [렌즈 교정]으로 보정하면 이미지의 네 모퉁이가 살짝 트리밍됩니다.

02 눈금자 도구를 사용한다

[Ctrl] + [Z]를 눌러 처음으로 되돌립니다. 이번에는 [눈금자 도구]를 선택하고 수평선에 따라 직선을 그립니다 **4**. 옵션바에서 [레이어 똑바르게 하기]를 클릭하면 **5** 자동으로 각도가 보정됩니다. 이 방법으로는 이미지의 네 모퉁이가 트리밍되는 것이 아니라 각도가 회전되면서 빈 여백이 표시됩니다 **6**. 이미지 내용과 상황에 맞춰서 적절한 기능을 사용하세요.

ONE POINT

[눈금자 도구]는 [스포이드 도구]의 하위에 숨겨져 있습니다. 자주 사용하지 않지만 위와 같은 상황에서 유용하게 사용되므로 어디에 있는지 알아 놓는 것이 좋습니다.

032
창문에 등불 밝히기

흰색과 노란색을 칠한 레이어를 겹쳐서 불빛을 표현합니다.

Ps 예제 파일 | 032_base.jpg

01 선택 영역을 만들고 흰색으로 칠한다

예제 파일을 열고 **1** [펜 도구]나 [다각형 올가미 도구]로 창문의 유리 부분만 선택 영역으로 지정합니다 **2**. [배경] 레이어 위에 새 레이어를 추가한 후 선택 영역을 흰색(#ffffff)으로 채우고 [불투명도: 75%]로 설정합니다 **3**.

02 레이어를 추가하여 노랑으로 칠한다

새 레이어를 추가한 후 이번에는 노란색(#ffbc31)으로 선택 영역을 채우고 혼합 모드를 [오버레이]로 변경합니다. 그런 다음 메뉴바에서 [필터] → [흐림 효과] → [가우시안 흐림 효과]를 선택한 후 [반경: 25픽셀]로 적용합니다 **4** **5**.

03 레이어를 복제하여 밝게 만든다

선택 영역을 해제한 후 노란색으로 채운 레이어를 2개 복제하여 위쪽에 배치합니다. 그런 다음 맨 위에 새 레이어를 추가하고 혼합 모드를 [오버레이]로 변경합니다 **6**. [브러시 도구]를 선택하여 [부드러운 원], 흰색으로 창문 주변의 빛을 그려 넣습니다 **7**.

04 전체적으로 색감을 추가한다

[레이어] 패널에서 [새 칠 또는 조정 레이어]를 클릭한 후 [포토 필터]를 선택합니다. [속성] 패널에서 [필터: Cooling Filter(80)], [색상]을 파란색, [밀도: 30%]로 설정합니다 **8**. 포토 필터 레이어를 [배경] 레이어 바로 위에 배치하면 전체적으로 푸른 기가 더해집니다 **9**.

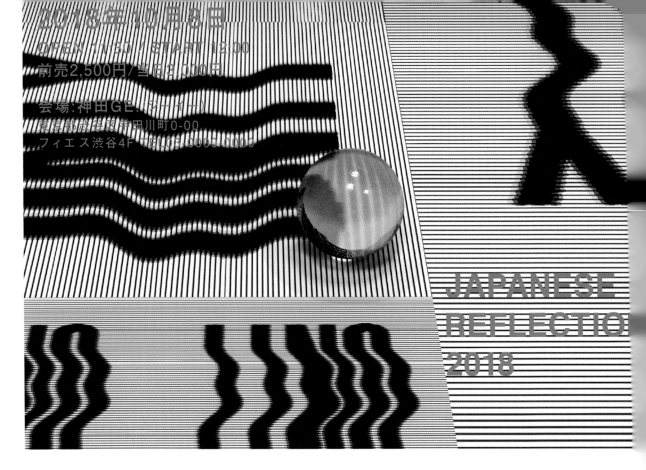

물건이 비치는 효과 표현하기

033

배경 이미지에 유리구슬을 합성한 후 유리구슬에 물건이 비치는 것처럼 표현해 보겠습니다.

Ps 예제 파일 | 033_base.psd, 033_bead.jpg

01 그림자를 포함해 유리구슬을 오려낸다

2개의 예제 파일을 각각 엽니다 **1** **2**. 우선 유리구슬 이미지를 전체 선택한 후 배경 이미지에 붙여넣습니다. 그런 다음 **[올가미 도구]** 등을 이용하여 바닥에 닿은 부분의 선명한 그림자를 포함하여 선택합니다. 이때 경계선에 대한 **[페더]** 는 **[0.5픽셀]**로 설정합니다 **3**.

02 유리구슬을 배경 이미지에 합성한다

선택 영역이 지정된 상태로 [레이어] 패널에서
[레이어 마스크 추가]를 클릭하여 유리구슬 이미
지에서 선택 영역만 화면에 표시합니다  .
[레이어] 패널에서 혼합 모드를 [선형 번]으로 변
경하면 그림자와 유리구슬의 반사광이 배경과
자연스럽게 합성됩니다 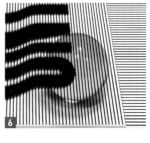.

03 유리구슬만 선택해 레이어를 만든다

다시 한번 유리구슬 원본 이미지를 복사해서 붙
여넣고, 이번에는 정확하게 유리구슬만 선택영
역으로 지정한 후 레이어 마스크를 추가합니다
 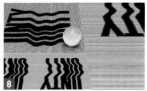.

04 배경에 극좌표 필터를 적용한다

[배경] 레이어를 선택한 후 [사각형 선택 윤곽 도
구]를 이용하여 유리구슬이 중심에 배치되도록
정사각형 범위를 선택 영역으로 지정하고, 새 레
이어로 복제합니다 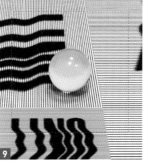. 메뉴바에서 [필터] → [왜
곡] → [극좌표]를 선택한 후 [직교좌표를 극좌표
로]를 적용해서 복제된 레이어를 변형합니다 .

05 유리구슬에 클리핑 마스크를 만든다

[레이어] 패널에서 변형시킨 이미지 레이어를 맨
위로 옮긴 후 마우스 우클릭하여 [클리핑 마스크
만들기]를 실행합니다 . 그런 다음 메뉴바에서
[편집] → [자유 변형]을 실행하여 아래쪽에서 살
짝 보이도록 크기와 위치를 조절합니다 . 레이
어의 혼합 모드를 [어두운 색상]으로 변경하여
비침 효과를 만듭니다 .

06 구형화 필터로 배경을 변형한다

앞과 같은 방법으로 [배경] 레이어에서 정사각형 선택 영역을 지정하여 새 레이어에 복제하고 맨 위에 배치합니다. 복제된 이미지 크기에 맞춰 선택 영역 지정을 유지한 채 메뉴바에서 [필터] → [왜곡] → [구형화]를 선택한 후 [양: 100%]로 4회 적용하면 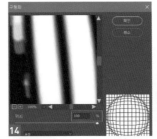 사각형이 유리구슬처럼 둥글게 왜곡됩니다 . [자유 변형]으로 유리구슬 크기와 위치에 적당히 맞추고 , [클리핑 마스크 만들기]를 실행합니다 . 이어서 혼합 모드를 [소프트 라이트]로 변경합니다 .

07 동작 흐림 효과 필터로 어우러지게 한다

메뉴바에서 [필터] → [흐림 효과] → [동작 흐림 효과]를 선택한 후 [각도: 0°], [거리: 30픽셀]로 적용하면  이미지가 흐려지면서 자연스럽게 어우러집니다 .

08 이미지를 일그러뜨려서 배경에 겹친다

메뉴바에서 [레이어] → [보이는 레이어 병합]을 실행하여 병합한 후 유리구슬만을 선택해서 새 레이어로 복제합니다. 메뉴바에서 [필터] → [필터 갤러리] → [왜곡] → [유리]를 적용한 후  . 배경에 있는 유리구슬과 겹치게 배치합니다 . 마지막으로 혼합 모드를 [곱하기]로 변경합니다 .

ONE POINT

실습에서는 알기 쉽도록 조금 극단적으로 반사광을 표현했지만, 재질이나 환경 등을 세심하게 관찰하여 적당한 수준으로 조절하면 됩니다.

편직물 느낌이 나게 보정하기

034

섬유 필터와 구형화 필터로 만든 편직물 매듭의 텍스처를 패턴으로 등록하고,
편직물 느낌으로 이미지에 합성합니다.

Ps 예제 파일 | 034_base.psd, 034_pattern.psd

01 섬유 필터로 텍스처를 만든다

[폭: 1000픽셀], [높이: 1000픽셀], [배경 내용:
투명]으로 새 문서를 만들고, 새 레이어를 추가
합니다. 전경색을 검은색, 배경색을 흰색으로 설
정하고 메뉴바에서 [필터] → [렌더] → [섬유]를
선택한 후 [분산: 16], [강도: 4]로 적용하면 **1**
편직물 같은 텍스처가 생성됩니다 **2**.

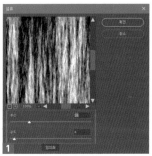

02 구형화 필터로 휘어지게 한다

메뉴바에서 [필터] → [왜곡] → [구형화]를 선택
한 후 [양: 100%], [모드: 표준]으로 적용하여 구
형화합니다 **3** **4**. [구형화] 필터를 추가로 2회
적용하여 휘어짐을 강하게 표현합니다 **5**.

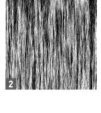

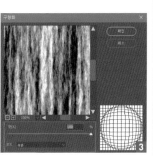

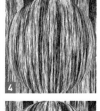

03 자유 변형으로 형태를 갖춘다

[원형 선택 윤곽 도구]를 이용해 구체만 선택한 후 새 레이어로 복제하고, [레이어] 패널에서 나머지 레이어의 [눈] 아이콘을 모두 끕니다 **6**. 메뉴바에서 [편집] → [자유 변형]을 실행하여 폭을 좁히고 **7**, 크기를 줄인 후 그림처럼 회전하여 구체의 왼쪽 끝을 캔버스 왼쪽 끝에 닿게 배치하세요 **8**.

04 레이어 스타일로 입체감을 높인다

메뉴바에서 [레이어] → [레이어 스타일] → [경사와 엠보스]를 선택하여 그림처럼 설정합니다 **9**. [내부 그림자]와 [내부 광선]도 그림처럼 설정하면 **10 11** 구체 이미지가 입체적으로 표현됩니다 **12**.

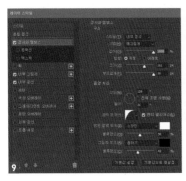  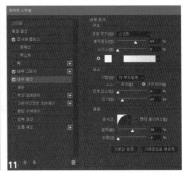

05 구체를 배치하고 패턴으로 등록한다

구체를 복제하여 캔버스의 중앙을 기준으로 좌우를 반전시킵니다 **13**. 구체를 복제한 후 그림처럼 위아래가 끊기지 않게 연결되도록 배치하고 **14** 메뉴바에서 [편집] → [패턴 정의]를 실행하여 패턴으로 등록합니다.

06 이미지를 열고 구체 패턴을 적용한다

예제 파일을 엽니다 **15**. 메뉴바에서 [레이어] → [새 칠 레이어] → [패턴]을 실행한 후 앞서 등록한 패턴을 선택하고 [비율: 4%]로 적용합니다 **16 17**.

07 패턴에 레이어 스타일을 적용한다

패턴 레이어에서 마우스 우클릭하여 [레이어 래스터화]를 실행합니다. 메뉴바에서 [레이어] → [레이어 스타일] → [내부 그림자]를 선택하여 그림처럼 설정하고 18, [드롭 섀도]를 선택하여 그림처럼 설정하면 19 입체적으로 표현됩니다 20.

08 드라이 브러시 필터를 적용한다

[배경] 레이어를 복제하여 맨 위에 배치합니다. 메뉴바에서 [필터] → [필터 갤러리] → [예술 효과] → [드라이 브러시]를 선택한 후 그림처럼 적용하면 21 이미지의 질감이 부드러워집니다 22.

09 수정화 필터로 픽셀화한다

이번에는 메뉴바에서 [필터] → [픽셀화] → [수정화]를 선택한 후 그림처럼 뜨개질 코에 맞는 크기로 적용하여 픽셀화합니다 23 24.

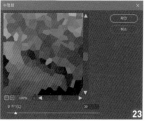

10 클리핑 마스크로 편직물 형태를 겹친다

맨 위에 있는 이미지 레이어에서 마우스 우클릭 후 [클리핑 마스크 만들기]를 실행하여 패턴 이미지와 겹칩니다 25. 이어서 혼합 모드를 [하드 라이트]로 변경하면 자연스럽게 어우러집니다 26.

ONE POINT

질감을 더욱 실감나게 표현하고 싶다면 패턴으로 만든 텍스처를 조금 더 부드러운 인상으로 보정해도 좋습니다.

ランド
スケープ

먼지와 티끌이 표현된
오래된 필름 느낌으로 보정하기

035

구름 효과 필터를 이용하여 자연적으로 발생하는 먼지와 티끌을 표현하면
오래된 필름 느낌을 연출할 수 있습니다.

Ps 예제 파일 | 035_base.jpg

01 이미지의 네 모퉁이를 어둡게 한다

예제 파일을 엽니다 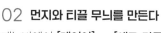. 메뉴바에서 [필터] →
[렌즈 교정]을 선택한 후 [사용자 정의] 탭에서
[양: −100], [중간점: +85]로 적용하면  이미
지의 네 모퉁이가 어둡게 됩니다 .

02 먼지와 티끌 무늬를 만든다

메뉴바에서 [레이어] → [새로 만들기] → [레이
어]를 실행한 후 검은색으로 채웁니다 . 메뉴
바에서 [필터] → [렌더] → [구름 효과 2]를 5회
정도 반복 실행하여 구름 무늬를 만듭니다  .

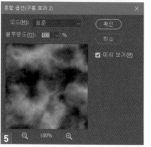

03 무늬의 일부를 오려내어 확대한다

구름 무늬에서 일부만 선택해서 잘라낸 후 **7**
크기를 키워 화면 가득 채웁니다 **8**. 원본 구름
무늬는 [눈] 아이콘을 꺼서 가립니다.

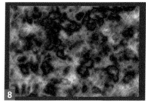

04 곡선으로 대비를 강조한다

메뉴바에서 [레이어] → [새 조정 레이어] → [곡
선]을 선택한 후 전체의 대비를 극단적으로 높입
니다 **9** **10**. 무늬 중에 불필요한 부분이 있다면
레이어 마스크 등으로 가리면 됩니다.

05 혼합 모드와 불투명도를 설정한다

구름 무늬 레이어의 혼합 모드를 [스크린], [불투
명도: 80%]로 변경하여 이미지와 어우러지게
합니다 **11** **12**.

06 원형 그레이디언트를 겹친다

메뉴바에서 [레이어] → [새 칠 레이어] → [그레
이디언트]를 실행한 후 노란색(R 255, G 255,
B 0)에서 주황색(R 255, G 109, B 0)으로 바
뀌는 [스타일: 방사형]의 그레이디언트를 적용합
니다 **13** **14** **15**. 혼합 모드를 [소프트 라이트]로
변경하여 겹칩니다 **16**.

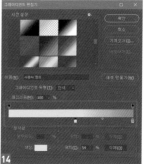

07 사진에 프레임을 단다

[사각형 도구]를 선택한 후 화면 가득 채우는 사각형을 그리고, [속성] 패널에서 그림처럼 설정하여 테두리를 표현합니다 **17**. 메뉴바에서 [레이어] → [보이는 레이어 병합]을 실행하여 하나의 레이어로 병합합니다. 메뉴바에서 [필터] → [노이즈] → [노이즈 추가]를 선택한 후 [양: 15%], [분포: 가우시안]으로 적용하면 **18** 사진에 질감이 더해집니다 **19**.

08 전체 색감을 정돈한다

메뉴바에서 [레이어] → [새 조정 레이어] → [색조/채도]를 실행한 후 [속성] 패널에서 그림처럼 조정합니다 **20**. [레이어] → [새 조정 레이어] → [곡선]을 실행한 후 [속성] 패널에서 [RGB] **21** 와 [파랑] **22** 계열을 보정합니다 **23**.

ONE POINT

사진을 좀 더 오래된 것처럼 표현하려면 먼지와 티끌 무늬를 만들었을 때와 같은 순서에서 [구름 효과 2] 필터 대신 [섬유] 필터를 적용한 레이어를 추가로 만들어 적용하면 됩니다.

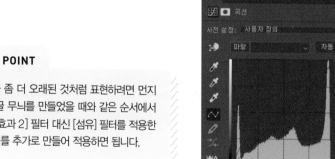

파노라마 이미지 만들기

036

자동화(Photomerge)를 사용하여 여러 장의 이미지를 하나의 이미지로 합성합니다.

Ps 예제 파일 | IMG_4007.jpg ～ IMG_4018.jpg

01 이미지 파일을 확인한다

하나의 파노라마 이미지로 만들 12개의 예제
파일을 확인합니다 **1**.

02 Photomerge로 사진을 합성한다

포토샵을 실행한 후 메뉴바에서 [파일] → [자동화] → [Photomerge]를 선택하고 [찾아보기]를 클릭하여 12장의 예제 파일을 선택합니다. [자동]과 [이미지 혼합]에만 체크한 후 [확인]을 클릭합니다 **2**. 선택한 12장의 이미지가 자동으로 1장의 이미지로 합성됩니다 **3**.

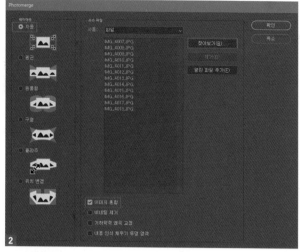

03 각도 보정 필터로 왜곡을 수정한다

1장으로 합성된 이미지의 오른쪽 보도블록에서 휘어진 부분들이 보입니다 **4**. 메뉴바에서 [필터] → [응용 광각]을 선택하여 [응용 광각] 창이 열리면 [제한 도구]를 선택한 후 심하게 일그러진 부분의 한쪽 끝을 클릭하고 나머지 한쪽 끝을 클릭하면 어느 정도 왜곡이 해소됩니다 **5 6**. 이렇게 한쪽의 왜곡을 해소하면 그 영향으로 다른 부분에 왜곡이 생깁니다. 왜곡이 생긴 부분을 찾아 끈기 있게 보정해 보세요.

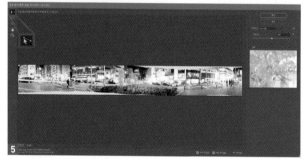

ONE POINT

응용 광각 기능에 대한 자세한 설명은 https://youtu.be/BhGmFgpJAyg 영상을 참고하세요.

04 건물의 기울기를 수정한다

[제한 도구]가 선택된 상태에서 수직으로 만들고 싶은 건물의 측면을 따라 선을 그린 후 **7** 마우스 우클릭하여 [수직]을 선택합니다 **8**. 그러면 자동으로 건물 세로 방향의 왜곡이 수정됩니다 **9**. 계속해서 수평과 수직을 맞춰서 나머지 부분도 세밀하게 보정하고 [확인]을 클릭하여 적용합니다 **10**.

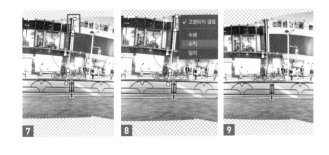

05 이미지의 빈 부분은 잘라내거나 칠한다

이미지에 빈 여백이 최소화되도록 불필요한 부분을 잘라냅니다 **11**. 이미지 왼쪽의 지면이나 화단 등 이미지가 이어지는 부분이 빈 여백으로 표시된다면 [자동 선택 도구] 등으로 선택하고, 메뉴바에서 [편집] → [칠]을 선택한 후 [내용: 내용 인식]으로 채웁니다 **12** **13**.

ONE POINT

준비한 여러 장의 사진에 겹치는 부분이 없으면 깔끔하게 1장으로 합성하기 어렵습니다. 어도비에서는 '이미지의 겹치는 비율은 약 40%, 이미지 수는 최저 5장'이라고 안내하지만, 조금 더 세세하게 준비하는 편이 좋습니다. 또한, 왜곡을 수정한 후 마무리 과정에서 여백을 없애기 위해 세로 폭이 극단적으로 좁아지지 않도록 주의해야 합니다.

037
동물의 털 무늬를 깔끔하게 오려내기

가장자리 다듬기 브러시 도구로 털의 무늬에 따라 복잡한 선택 영역을 오려낼 수 있습니다.

Ps 예제 파일 | 037_base.jpg

01 대략적인 선택 영역을 만든다

예제 파일을 열고 **1**, [올가미 도구]나 [펜 도구] 를 사용하여 오려내고 싶은 대상을 대략적으로 선택합니다 **2**. 여기에서는 사자의 갈기를 따라 선택 영역을 지정했습니다.

02 경계선을 정돈한다

선택 영역을 지정했으면 옵션바에서 **[선택 및 마스크]**를 클릭합니다. 선택 및 마스크 화면이 열리면 **[가장자리 다듬기 브러시 도구]**를 선택하고 옵션바에서 **[크기: 60픽셀]** 정도로 설정한 후 **3** 사자의 갈기를 따라 드래그합니다. 그러면 자동으로 선택 영역이 조정됩니다 **4**. 필요에 따라 [속성] 패널에서 [전역 다듬기]의 각 옵션을 변경하면 경계선을 좀 더 정확하게 정돈할 수 있습니다 **5**. 이미지에 맞게 경계선을 정돈했으면 [확인]을 클릭하여 적용합니다.

03 선택 영역을 반전하고 배경을 삭제한다

원래의 작업 화면으로 돌아오면 **6** 메뉴바에서 [선택] → [반전]을 실행하고 [Delete]를 눌러 배경을 삭제합니다. 이렇게 복잡한 털 무늬를 간단히 오려낼 수 있습니다 **7**.

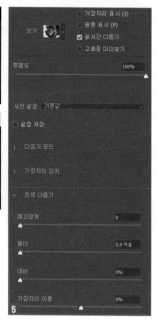

2

PORTRAIT

인상적인 인물 사진 보정

피부와 머리카락, 입술 부분을 깔끔하게 수정하는 방법,

사진의 분위기 자체를 바꿔서 인상적으로 만드는 방법 등

인물 보정 관련 테크닉을 모았습니다.

* 이번 장에서는 별도의 예제 파일을 제공하지 않으므로,
  임의의 인물 사진을 준비하여 실습해 보세요.

* 일부 라이트룸 테크닉을 포함하고 있습니다.

038
피부 음영을 매끄럽게 만들기

혼합 브러시 도구로 사진의 지저분한 그림자나 기미를 매끄럽게 정돈합니다.

01 혼합 브러시 도구를 사용한다

[혼합 브러시 도구]는 덧그린 포인트의 색이나 텍스처를 자동으로 섞을 때 사용하는 것으로, 지정한 색상을 혼합하거나 원본 이미지의 정보를 혼합하는 등 다양한 사용법이 있습니다. 여기서는 피부를 매끄럽게 정돈해 보겠습니다.

02 피부의 질감에 맞춰 브러시를 설정한다

준비한 인물 이미지를 엽니다 **1**. [혼합 브러시 도구]를 선택한 후 **2** 옵션바를 설정합니다. 여기서는 [각 획 처리 후 브러시 불러오기: Off], [각 획 처리 후 브러시 정리: On], [축축함: 80%], [불러오기: 20%], [혼합: 10%], [흐름: 20%], [획 보정 설정: 10%]로 설정했습니다 **3**.

03 얼룩이 있는 곳을 덧칠한다

화면에서 얼룩이 있는 부분을 덧칠하면 텍스처가 퍼지며 평평해집니다. 여기서는 턱 부분을 중심으로 작업했습니다. [Alt]를 눌러 혼합할 색을 추출할 수도 있습니다. 덧칠한 부분을 확대해 보면 작업 전 **4** 과 후 **5** 의 차이를 확인할 수 있습니다. 계속해서 신경 쓰이는 부분을 덧칠하면서 다듬습니다 **6**.

ONE POINT

너무 과하게 적용하면 윤곽이 흐리게 보일 수 있으니 주의하세요. 특히 머리카락 등 세밀한 텍스처 부분은 신중하게 작업해야 합니다. 피부 중에서도 흐릿한 포인트 등에 사용하면 놀라운 효과를 얻을 수 있습니다.

039

피부에 강약 표현하기

Camera Raw 필터를 이용하면 색상 영역별 색조, 채도, 광도를 세밀하게 보정할 수 있습니다.

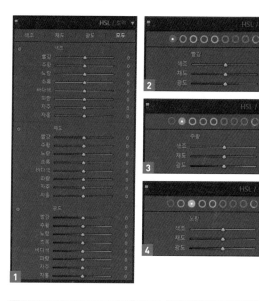

01 색상별로 피부색을 보정한다

준비한 인물 이미지를 엽니다. 메뉴바에서 [필터] → [Camera Raw 필터]를 선택하여 [Camera Raw] 창을 엽니다. [색상 혼합] 영역을 펼치고, [조정: HSL]로 설정한 후 [모두] 탭을 보면 8가지 계열의 색별로 색조(Hue), 채도(Saturation), 광도(Luminosity)를 조정할 수 있습니다 **1**. [조정: 색상]으로 변경하면 색상을 선택해서 색조, 채도, 광도를 변경할 수 있습니다 **2** **3** **4**.

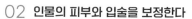

02 인물의 피부와 입술을 보정한다

[Camera Raw] 창에서 원본 이미지를 다시 확인한 후 **5** [주황 계열]의 광도를 높이면 피부 전체가 밝아져서 애초에 밝았던 부분은 더욱 밝아집니다 **6**. [빨강 계열]의 [광도]를 낮추면 입술이나 볼 등의 빨간 부분이 차분해지며, 강약이 표현됩니다 **7**. 기본적으로 피부색을 보정할 때는 주황의 광도를 높여 밝게 하고, 빨강의 광도를 낮춰서 어둡게 합니다. 이어서 그림을 참고하고 **8**, 사진의 상태를 확인하면서 [색조]나 [채도]를 조절합니다.

ONE POINT

HSL(Hue, Saturation, Luminosity)을 이용한 보정 방법은 자연스러운 상태에서 촬영한 초상화 등에서 자주 사용됩니다.

피부의 입체감을 돋보이게 하기

040

피부의 음영은 크게 볼 때 색에 의한 완만한 계조와 질감에 의한 굴곡으로 나뉩니다.
여기에서는 굴곡을 강조하여 피부색의 질감을 표현해 보겠습니다.

01 채널 혼합을 적용한다

준비한 인물 이미지를 엽니다 **1**. 메뉴바에서
[레이어] → **[새 조정 레이어]** → **[채널 혼합]**을
실행하면 채널 혼합 레이어가 추가되며, **[속성]**
패널에서 **[빨강]**, **[녹색]**, **[파랑]** 농도를 각각 조
절할 수 있습니다. 여기서는 기본으로 설정되어
있는 **[사전 설정]** 옵션을 이용할 예정입니다 **2**.

02 사전 설정을 선택한다

우선 채널 혼합 조정 레이어의 보정 결과가 광도에만 적용되도록 혼합 모드를 [광도]로 변경합니다 **3**. 그런 다음 [속성] 패널에서 [사전 설정: 녹색 필터가 적용된 흑백(RGB)]으로 설정합니다 **4**. 피부색에 녹색 필터가 적용되어 피부색 중에서도 빨간 부분의 질감이 더욱 차분해지고 어두워집니다 **5**. 만약 [사전 설정: 빨강 필터가 적용된 흑백(RGB)]으로 설정하면 피부색이 밝아집니다 **6**.

03 사전 설정을 변경한다

[사전 설정: 녹색 필터가 적용된 흑백(RGB)]이 선택된 상태에서 [빨강: −5%], [녹색: 90%], [파랑: 15%]로 변경합니다 **7 8**.

04 인물에만 효과를 반영한다

배경을 제외한 인물에만 보정 효과를 반영하기 위해 조정 레이어의 [레이어 마스크]를 클릭한 후 [브러시 도구] 등을 이용해 배경 부분을 마스크 처리합니다 **9**. 효과가 너무 강하다면 [불투명도]를 조절합니다 **10**.

ONE POINT

[녹색 필터가 적용된 흑백(RGB)] 설정은 빨간 부분이 어두워지므로, 입술 등 피부의 진한 부분의 색이 바랠 수 있습니다. 반대로 빨강이나 노랑의 필터가 적용된 흑백(RGB)을 사용하면 피부의 어두운 부분을 없애고 매끄럽게 만들 수 있습니다.

041
보정이 필요한 부분 빠르게 찾아내기

사람의 피부를 보정할 때 수정해야 할 포인트를 재빨리 찾아내는 방법을 몇 가지 소개합니다.

01 흑백 레이어로 피부의 굴곡을 돋보이게 한다

준비한 이미지를 엽니다 **1**. 메뉴바에서 [레이어] → [새 조정 레이어] → [흑백]을 실행한 후 **2** [속성] 패널에서 피부색에 영향을 주는 [빨강 계열]과 [노랑 계열]을 각각 낮춰 보고 **3** **4**, 굴곡이나 잡티가 도드라지는 포인트에서 멈춥니다. 예시에서는 모델의 주근깨가 더욱 돋보이는 것을 확인할 수 있습니다 **5**. 신경 쓰이는 부분이 여러 곳이라면 그때마다 조정 레이어를 추가하여 작업하면 좋습니다.

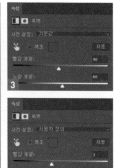

02 곡선을 물결 형태로 편집한다

곡선 기능을 이용하여 수정 포인트를 파악할 수도 있습니다. 메뉴바에서 [레이어] → [새 조정 레이어] → [곡선]을 실행한 후 [속성] 패널에서 그림처럼 들쭉날쭉한 곡선을 만듭니다 **6**. 이러면 음영 차이가 확실하게 드러나 원본에서는 보기 어려웠던 주근깨 등의 존재를 알 수 있습니다 **7**.

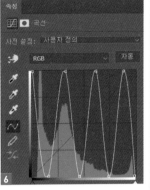

03 레이어를 켜고 끄면서 수정한다

앞에서 소개한 [곡선], [흑백] 조정 레이어를 각각 추가한 후 [눈] 아이콘을 끄거나 켜면서 **8**, 수정이 필요한 부분을 보정합니다. 다음은 예시 이미지의 주근깨 부분을 보정하기 전과 **9** 보정한 후의 결과입니다 **10**.

ONE POINT

[흑백]과 [곡선] 조정 레이어 둘 다 피부의 음영 및 보정해야 할 포인트를 찾는 데 도움이 됩니다. 여기서는 보정할 부분을 찾고, [복구 브러시 도구] 또는 [복제 도장 도구]를 사용하여 보정했습니다. 이때 옵션바의 [샘플] 설정이 [현재 레이어]인지 [현재 이하]인지 잘 확인해야 합니다.

042

계조가 깨진
부분 확인하기

라이트룸과 디지털 카메라에서는 히스토그램상의 계조가 깨진 부분을 간단히 확인할 수 있습니다. 포토샵에서도 단색 레이어와 레이어 효과를 조합해서 계조가 깨진 부분을 확인할 수 있습니다.

01 단색 레이어를 준비한다

준비한 인물 이미지를 열고 **1**, 메뉴바에서 [레이어] → [새 칠 레이어] → [단색]을 실행한 후 빨간색(#ff0000)으로 적용합니다 **2**. 다시 한번 [단색]을 실행한 후 이번에는 파란색(#0000ff)으로 적용합니다 **3**.

02 레이어 효과의 혼합 조건을 파악한다

우선 원활한 작업을 위해 빨간색 레이어 이름은 [밝은 계조], 파란색 레이어는 [어두운 계조]로 이름을 변경합니다 🔳. [밝은 계조] 레이어를 마우스 우클릭하여 [혼합 옵션]을 선택하면 [레이어 스타일] 창이 열립니다.

03 혼합 조건에서 밑에 있는 레이어를 설정한다

[밝은 계조] 레이어의 혼합 조건부터 변경합니다. [밑에 있는 레이어]에서 왼쪽 끝 포인터를 오른쪽 끝(255)까지 옮긴 후 적용합니다 🔳. 같은 방법으로 [어두운 계조] 레이어에서 [레이어 스타일] 창을 열고 [밑에 있는 레이어]에서 오른쪽 끝 포인터를 왼쪽 끝(0)으로 옮긴 후 적용합니다 🔳. 이렇게 설정하면 [밝은 계조] 레이어는 계조 [255]의 밝기에 해당하는 가장 밝은 부분을 빨간색으로 표시하고, [어두운 계조] 레이어는 계조 [0]의 밝기에 해당하는 가장 어두운 부분을 파란색으로 표시합니다. 예시에서는 머리카락 일부의 어두운 계조가 날아간 것을 확인한 후 🔳 [곡선] 조정 레이어를 적용하여 어두운 부분을 밝게 보정했습니다 🔳.

ONE POINT

사진에서 계조(gradation)란 밝은 부분에서 어두운 부분까지 단계의 차이를 말합니다. 계조가 좋으면 이미지의 명암이 부드럽고 풍부하게 표현되며, 반대로 계조가 깨지면 밝은 부분이나 어두운 부분이나 뭉쳐 보입니다.

포토샵에서 계조는 256단계(0~255)의 밝기로 표현됩니다. 실습에서는 가장 밝은 계조(255)는 빨간색, 가장 어두운 계조(0)는 파란색으로 설정했습니다. 이 색은 [0~255]가 아니라, 가령 [2~253]이든 [10~245]이든 상관없습니다. 실습에서는 완전히 계조가 깨진 포인트를 찾았지만, 보다 넓게 계조가 깨진 포인트를 찾고 싶다면 그에 따라 변경하면 됩니다.

또한, 앞서 설정한 슬라이더의 이름(밑에 있는 레이어)에서 알 수 있듯이 조정 레이어는 보정하고 싶은 레이어 위에 배치한 후 이용해야 합니다.

043
계조별로
피부 톤 수정하기

복제 도장 도구를 사용하여 피부를 계조별로 수정함으로써
질감을 손상하지 않고 깔끔하게 마무리할 수 있습니다.

01 피부의 질감을 남긴 채 밝은 영역과 어두운 영역을 억제한다

명암 차이가 심한 상황이라면 예시 사진처럼 피부나 머리카락 등에 불필요한 하이라이트가 발생하거나, 일부가 너무 어두워집니다 **1**. 이럴 때는 [복제 도장 도구]를 이용해 신경 쓰이는 밝기만 보정하면 효과적입니다.

02 피부의 밝은 부분을 수정한다

피부의 밝은 부분에만 효과를 반영하려면 [복제 도장 도구]를 선택한 후 옵션바의 [모드]를 [어둡게 하기]로 변경합니다 **2**. 이로써 추출한 부분보다 밝은 부분에만 효과를 반영할 수 있습니다 **3** **4**.

03 피부보다 어두운 부분을 수정한다

어두운 부분에서 텍스처를 손상하지 않고 피부의 기미나 부스럼 등을 수정하고 싶다면 [복제 도장 도구]의 옵션바에서 [모드]를 [밝게 하기]로 설정합니다 **5**. 이로써 추출한 부분보다 어두운 부분에만 효과를 반영할 수 있습니다 **6** **7**.

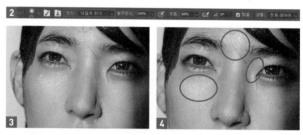

04 밝은 영역과 어두운 영역을 보정한다

수정하고 싶은 부분에 맞춰서 [모드]를 [어둡게 하기]와 [밝게 하기] 중 전환하면서 보정합니다 **8**. [모드] 이외의 설정은 [불투명도: 100%], [흐름: 50~70%], [맞춤: 체크], [샘플: 현재 레이어]입니다. 또한 [브러시] 설정은 [경도: 50%]로 하고, 크기는 수정할 부분에 맞춰서 변경합니다.

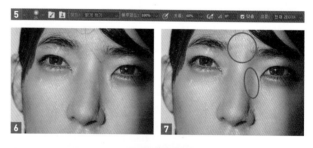

044

삐져나온
머리카락 정리하기

흐림 필터를 적용하여 삐져나온 머리카락을 배경에 녹아
들게 하고, 복제 도장 도구로 깔끔하게 마무리합니다.

01 흐림 필터로 머리카락을 정리한다

준비한 인물 이미지를 열고, 원본 레이어를 2개
복제하여 맨 위에 있는 레이어는 [흐림], 두 번째
레이어는 [Base]로 이름을 변경합니다 **1**. [흐
림] 레이어를 선택하고, 메뉴바에서 [필터] →
[흐림 효과] → [표면 흐림 효과]를 선택한 후 [반
경]은 삐져나온 머리카락이 배경에 녹아들 정도
로, [한계값]은 피부와의 경계선이 흐려지지 않
게 설정합니다 **2** **3** **4**. 여기서는 [반경: 23픽
셀], [한계값: 18레벨]로 설정했습니다.

02 부족한 부분은 복제 도장으로 보정한다

표면 흐림 효과를 적용한 후 제대로 보정되지
않은 머리카락이 있다면 **5** 맨 위에 빈 레이어
를 추가한 후 이름을 [도장]으로 변경하고, [복제
도장 도구]를 사용하여 보정합니다 **6**.

03 삐져나온 머리카락만 마스크로 표시한다

[레이어] 패널에서 [도장] 레이어와 [흐림] 레이
어를 선택한 후 [새 그룹]을 실행하여 그룹화한
후 [레이어 마스크 추가]를 실행하여 레이어 마
스크를 씌웁니다. [브러시 도구] 등을 이용하여
보정이 필요 없는 부분(인물 부분)에 마스크를
씌웁니다 **7** **8**. 머리카락 부분에 마스크를 씌울
때는 [브러시 도구]의 [불투명도]를 [20%] 정도
로 설정하고 정성껏 덧그려서 정교하게 표현합
니다.

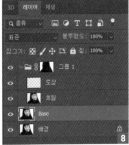

045

아름다운 눈동자
표현하기

흐림 효과 필터와 조정 레이어를 사용하여
눈동자 안의 혈관을 깔끔하게 다듬습니다.

01 흐림 효과 필터로 흰자를 보정한다

인물 이미지를 엽니다 **1**. 원본 레이어를 복제한
후 [눈동자 흐림]으로 이름을 변경하고, 눈동자
부분을 확대합니다 **2**. 메뉴바에서 [필터] → [흐
림 효과] → [표면 흐림 효과]를 선택한 후 눈동
자의 혈관이 흐려지게 [반경]과 [한계값]을 조정
합니다 **3** **4**. 붉은 기를 줄이는 것이 포인트입
니다.

02 색조/채도로 혈관의 색을 억제한다

메뉴바에서 [레이어] → [새 조정 레이어] → [색
조/채도]를 실행한 후 [속성] 패널에서 [빨강 계
열]의 [채도]를 낮추면 **5** 혈관의 붉은 기를 줄일
수 있습니다 **6**.

03 혈관 부분에만 효과를 적용한다

[눈동자 흐림] 레이어와 [색조/채도] 조정 레이어를 그룹화하고 [Alt]를 누른 채 [레이어 마스크 추가]를 실행하여 그룹 전체를 마스크로 가립니다 **7**. [브러시 도구]로 혈관 부분만 덧그려 마스크를 지우면 혈관 부분에만 효과가 적용됩니다 **8**. 이때 브러시의 [불투명도]를 [10%] 이하로 설정하여 조금씩 보정하세요.

04 채널 혼합으로 모서리를 보정한다

메뉴바에서 [레이어] → [새 조정 레이어] → [채널 혼합]을 실행하여 추가된 조정 레이어를 맨 위에 배치합니다. [속성] 패널에서 [단색]에 체크하고 [출력 채널: 회색]으로 설정한 후, [빨강: +33%], [녹색: +65%], [파랑: +19%]로 적용합니다 **9**. 조정 레이어의 레이어 마스크를 검은색으로 채워 전체를 마스크 처리한 후 표면 흐림 효과 필터로 단조로워진 계조를 정돈하면서 밝게 표현할 부분만 [브러시 도구]로 덧그려 효과가 적용되게 합니다 **10** **11**.

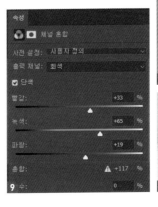

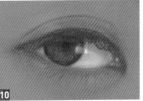

05 복제 도장 도구로 세세한 부분을 정돈한다

새 레이어를 추가한 후 [복제 도장 도구]를 이용하여 세부적으로 보정합니다 **12**.

06 사전 설정을 사용자 정의한다

끝으로 눈동자 부분을 보정하기 위해 메뉴바에서 [레이어] → [새 조정 레이어] → [곡선]을 실행한 후 [속성] 패널에서 눈동자의 가장 어두운 부분과 밝은 부분에 포인트를 추가하여 S자 곡선으로 만듭니다 **13**. [곡선] 조정 레이어의 레이어 마스크를 검은색으로 채운 후 눈동자 부분만 효과가 적용되도록 합니다 **14** **15** **16**.

ONE POINT

흰자의 붉은 기와 혈관을 완전히 없애면 부자연스러워집니다. 너무 과하지 않게 보정하는 것이 핵심입니다.

이마로 내려온 앞머리 지우기

046

이마로 내려온 앞머리는 복제 도장 도구와 마스크 기능을 조합하여 신중하게 지웁니다.

01 **앞머리를 수정할 때 신경 써야 하는 점**
앞머리를 수정할 때는 이마의 질감을 손상하지
않아야 하며, 제거한 부분과 머리카락의 가장자
리가 번지지 않도록 해야 합니다. 흔히 [복구 브
러시 도구]나 [복제 도장 도구]를 사용하는데, 해
상도가 높은 사진이라면 1 2 [복구 브러시 도
구]를 사용했을 때 브러시에 의한 흐림 효과 때
문에 부자연스러운 결과물이 나올 수 있습니다
3. 이럴 때는 [복제 도장 도구]와 레이어 마스
크를 함께 쓰는 게 효과적입니다.

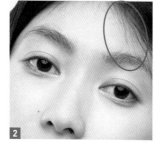

02 질감과 가장자리를 손상하지 않도록 복제 도장 도구로 제거해 나간다

[복제 도장 도구]를 선택하고 옵션바에서 [모드: 밝게 하기]로 설정합니다 **4**. 앞머리가 내려오지 않은 피부색을 추출한 후 이마에 삐져나온 앞머리를 덧그리며 신중하게 지웁니다 **5** **6**.

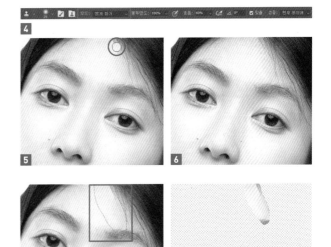

03 이마 부분을 복사하여 마스크 처리한다

어느 정도 앞머리를 제거했다면 [올가미 도구]로 앞머리가 없는 이마 부분을 선택합니다 **7**. 선택 영역을 새 레이어로 복제한 후 이름을 [앞머리 1]로 변경합니다 **8**. [이동 도구]로 [앞머리 1] 이미지를 기존 앞머리 위로 옮기고, 메뉴바에서 [편집] → [자유 변형]을 실행하여 앞머리 방향에 맞춰서 기울기를 변형합니다 **9**. [앞머리 1] 레이어를 전부 마스크 처리한 후 [브러시 도구]를 이용하여 앞머리 부분을 마스크 해제합니다 **10**. 머리카락이 밀집한 부분은 깨끗하게 지우기보다는 [불투명도: 50%] 정도로 설정하여 희미하게 남기는 것이 좋습니다 **11** **12**.

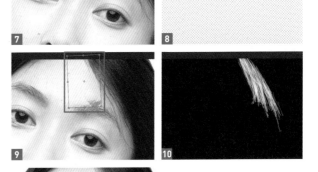

ONE POINT

[복제 도장 도구]와 [복구 브러시 도구]를 적절하게 구분해서 사용하면 좋습니다. 피사체를 클로즈업했는지, 사진의 해상도가 높은지 등이 판단 기준이며, 해상도가 높을 때는 [복제 도장 도구]로 질감을 손상하지 않도록 작업하고, 그렇지 않다면 [복구 브러시 도구]만으로 작업해도 충분합니다.

047
간단하고 깔끔하게 머리카락 오려내기

머리카락을 깔끔하게 오려내는 방법은 몇 가지가 있지만, 빠른 선택 도구와 선택 및 마스크 기능을 조합하면 무척이나 빠르고 간단하게 오려낼 수 있습니다.

01 **빠른 선택 도구로 선택하고 오려낸다**
인물 이미지를 열고 **1** [빠른 선택 도구]로 피사체 위를 드래그하여 선택합니다. 머리카락 및 옷의 가장자리를 신경 쓰지 말고 대략적인 범위를 선택하면 됩니다 **2**. [레이어] 패널에서 [레이어 마스크 추가]를 실행하여 선택 영역만 표시되게 합니다 **3**.

02 오려지지 않은 부분을 선택해 수정한다

[레이어] 패널에서 맨 아래에 회색으로 배경 레이어를 추가해 보면  머리카락의 가장자리가 제대로 오려지지 않은 곳이 보입니다 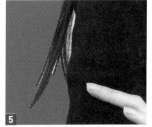. 메뉴바에서 [선택] → [선택 및 마스크]를 선택하여 작업 창이 열리면 [가장자리 다듬기 브러시 도구]를 선택합니다. 브러시의 [크기]를 수정할 부분에 맞춘 후에 가장자리를 덧그리면 자동으로 마스크를 변경해 줍니다 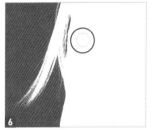.

03 마스크 영역을 확인한다

[선택 및 마스크] 창의 [속성] 패널에서 [보기] 옵션을 이용해 선택 영역의 표시 방법을 변경할 수 있습니다 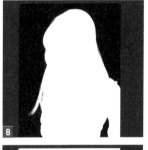. [흑백] , [오버레이] , [개미들의 행진]  등 하나씩 선택해서 보면서 배경이나 오려내고 싶은 사진에 따라 경계를 알기 쉬운 모드를 사용하면 됩니다. 계속해서 가장자리를 덧그리면서 오려내기 작업을 완료합니다 .

ONE POINT

[선택 및 마스크] 창의 [속성] 패널에서 각 옵션의 수치를 변경하면 [선택 및 마스크] 창의 각종 도구의 효과를 조절할 수 있습니다. 예를 들어 가장자리를 엄격하게 구분하고 싶다면 [가장자리 감지]에서 [반경]의 수치를 높이고, 경계를 유연하게 구분하고 싶다면 [전역 다듬기]의 [페더] 수치를 높입니다.

048
속눈썹 추가하기

브러시 하나로 속눈썹을 추가할 수 있습니다. 프로필 사진 등에
서 속눈썹이 부족할 때 활용해 보세요. 단, 이번 실습은 펜 태블
릿과 펜 마우스를 사용해야 합니다.

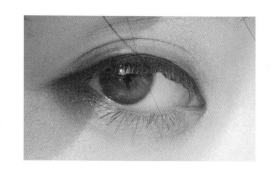

01 브러시 설정을 변경한다

이미지를 열고, 눈 부분을 확대합니다 **1**. [브러시
도구]를 선택한 후 옵션바에서 [선명한 원], [크기:
9픽셀], [불투명도]와 [흐름]을 둘 다 [100%]
로 설정하고, [브러시 설정 패널 전환]을 클릭합
니다 **2**. [브러시 설정] 패널이 열리면 [모양]에
체크한 후 [조절: 펜 압력]으로 설정합니다 **3**.

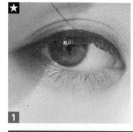

02 브러시 도구로 속눈썹을 보충한다

[스포이드 도구]를 사용하여 기존 속눈썹에서 색
상을 추출한 후 **4** 다시 [브러시 도구]로 속눈썹
을 그립니다 **5** **6**. 펜 압력의 강약으로 속눈썹
끝의 세밀함과 농도를 표현하세요. 실제로 해 보
면 알 수 있지만 의외로 간단합니다. 중간에 새
로운 샘플 색상을 추출하고 싶다면 간단하게
Alt 를 누른 채 원하는 지점을 클릭하면 됩니다.

ONE POINT

속눈썹을 추가하는 방법은 속눈썹 전용 브러
시 세트를 구해서 사용하는 등 다양합니다. 하
지만, 앞서 이야기했듯 펜 태블릿과 펜 마우스
가 있다면 여기서 소개한 방법이 가장 간단합
니다.

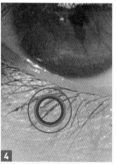

049

사진을
레트로풍으로 바꾸기

회색 50%로 칠한 레이어를 사용함으로써 세피아 톤으로 페이드가 입혀진 레트로 느낌을 간단히 재현할 수 있습니다.

01 새 레이어를 회색 50%로 칠한다

인물 사진을 열고, 새 레이어를 추가합니다 **1**. [Shift] + [F5]를 눌러 [칠] 창을 열고, [내용: 50% 회색]으로 적용하면 **2** 화면이 회색으로 채워집니다 **3**. [레이어] 패널에서 [불투명도]를 [5%~10%] 정도로 설정하면 가장 밝은 부분과 가장 어두운 부분의 계조가 뉴트럴에 가까워집니다.

02 색조/채도를 세피아 톤으로 조정한다

메뉴바에서 [레이어] → [새 조정 레이어] → [색조/채도]를 실행하고 [속성] 패널에서 [색상화]에 체크한 후 [색조: 31], [채도: 40], [명도: −16] 정도로 설정합니다 **4**. 레이어의 [불투명도]를 [30%] 정도로 설정합니다 **5** **6**.

ONE POINT

색조는 세피아 톤이 아니어도 상관없습니다. 취향에 맞춰서 조절해 보세요. 노이즈를 추가하는 것도 좋습니다. 실습에서는 원본의 색조를 남긴 채 레트로한 분위기로 만들었지만, 완전한 세피아 톤 사진을 원한다면 흑백으로 변환한 후 위의 과정을 적용해 보세요.

050
자연스러운 역광과 플레어 추가하기

석양과 같은 역광을 표현하고 싶거나 광원에 색을 입히고 싶다면 이번 실습을 확인해 보세요.

01 **원형 선택 윤곽 도구로 광원을 그린다**

인물 사진을 열고, 새 레이어를 추가한 후 이름을 [흰색]으로 변경합니다 **1**. [원형 선택 윤곽 도구]로 광원으로 만들 부분을 드래그하여 선택 영역으로 지정한 후 **2** 흰색으로 채웁니다 **3**. 크기는 자유롭게 설정해도 되며, 흰색으로 채웠으면 선택 영역은 해제합니다.

02 광원 레이어를 흐리게 한다

메뉴바에서 [필터] → [흐림 효과] → [가우시안 흐림 효과]를 선택한 후 그림처럼 흰색이 표현되도록 [반경]을 조절합니다 **4**. 이어서 혼합 모드를 [선형 닷지(추가)]로 변경합니다 **5**. 겉으로 보기에는 차이가 없지만, 이후의 작업에서 효과를 발휘합니다.

 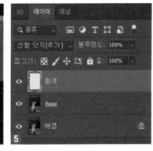

03 광원을 주황색으로 만든다

메뉴바에서 [레이어] → [새 조정 레이어] → [색조/채도]를 실행한 후 추가된 [색조/채도 1] 레이어에서 [클리핑 마스크 만들기]를 실행합니다 **6**. [속성] 패널에서 [색상화]에 체크한 후 [색조: 20], [채도: 90], [명도: −55]로 설정하면 **7** 석양과 같은 주황색 광원이 됩니다 **8**. 광원의 밝기는 [흰색] 레이어의 [불투명도]로 조절하면 됩니다.

ONE POINT

[색조]의 수치를 바꿈으로써 임의의 색상을 재현할 수 있습니다. 또한 광원의 크기를 변경하려면 [자유 변형]을 이용하고, 다른 형태로 광원을 만들고 싶다면 [원형 선택 윤곽 도구]가 아니라 [다각형 올가미 도구]를 사용하여 선택 영역을 지정합니다.

04 광원이 되는 흰색 레이어를 변형한다

[흰색] 레이어를 선택한 후 메뉴바에서 [편집] → [변형] → [뒤틀기]를 선택한 후 화면에서 핸들을 드래그하여 위치 및 형태를 변형합니다 **9**. 이미지에서 적절한 위치에 설정하면 자연스럽게 마무리됩니다 **10**.

스포트라이트 표현하기

곡선과 레이어 마스크를 사용하여 인물에 스포트라이트가 닿는 듯한 표현을 더합니다.

051

01 곡선으로 밝게 보정한다

준비한 임의의 사진을 열어 레이어를 복제하고 **1**. 메뉴바에서 [레이어] → [새 조정 레이어] → [곡선]을 실행합니다. [속성] 패널에서 곡선을 조정하여 밝게 보정합니다. 어두운 부분과 밝은 부분에 각각 포인트를 추가한 후 조정하는 것이 핵심입니다 **2**. 보정 후 조정 레이어 전체를 마스크 처리합니다 **3**.

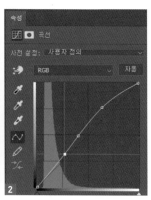

02 빛이 퍼지는 모양을 표현한다

[다각형 올가미 도구]를 사용하여 스포트라이트 빛의 퍼짐이 표현될 부분을 선택 영역으로 지정합니다 **4**. 사진 바깥에서 빛이 내리쬐는 풍경을 떠올리면서 작업하면 좋습니다. 지정한 선택 영역만 마스크를 해제하여 곡선 조정 효과를 적용한 후 선택 영역 지정을 해제합니다 **5**.

03 마스크의 경계 부분을 흐리게 한다

메뉴바에서 [필터] → [흐림 효과] → [가우시안 흐림 효과]를 선택한 후 [반경] 수치를 조절합니다. 여기서는 [500픽셀]로 설정했습니다 **6**. 곡선 조정 효과가 적용된 부분과 마스크로 가려진 부분의 경계선이 흐려지면서 자연스럽게 처리됩니다 **7**.

04 같은 방법으로 좁은 범위를 밝게 만든다

[곡선] 조정 레이어를 하나 더 추가하고 앞 과정보다 밝기를 낮춰서 보정합니다. 이렇게 좀 더 좁은 범위의 스포트라이트 영역을 만든 후 **8** 마스크의 경계를 흐리게 처리합니다 **9**.

05 불필요한 부분을 마스크 처리한다

[곡선] 조정 레이어 2개를 그룹화하고, 그룹에서 [레이어 마스크 추가]를 실행하여 부자연스러운 부분을 수정합니다 **10**. 예를 들어 배경의 안쪽에는 빛이 닿지 않을 것이므로 그러한 부분을 마스크 처리합니다 **11** **12**.

ONE POINT

일반적으로 빛의 중심은 밝고, 멀어질수록 밝기가 약해집니다. 이것을 재현하기 위해 실습처럼 여러 차례 빛이 닿는 범위를 조금씩 조절하면 효과적입니다.

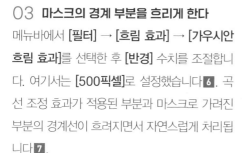

사진을 분위기 있게 만들기

특정 색상 영역을 개별적으로 조정해서 실제 색상과 흡사하게 색을 수정할 수 있습니다.

01 사진을 열고 방향성을 잡는다

어느 정도 완성도 높은 사진을 준비한 후 추가
로 피부색과 배경색을 보정하여 보다 인상적으
로 표현해 보겠습니다. 우선 사진을 열고 현재의
상태를 확인한 후 보정의 방향성을 정해야 합니
다. 실습에서는 전체적으로는 푸른 빛이 돌지만,
일부 노란색에 가까운 부분이 눈에 띕니다 **1**.
이 노란색을 파란색에 가깝게 보정하면서 중간
색으로 마젠타를 추가하여 전체적인 분위기를
정돈하겠습니다.

02 검정, 중간색, 흰색으로 색을 보정한다

메뉴바에서 [레이어] → [새 조정 레이어] → [선택 색상]을 실행한 후 [속성] 패널을 보면 [색상]을 변경하여 9가지 계열별로 보정할 수 있습니다. 여기에서는 [중간색], [검정 계열], [흰색 계열]을 각각 그림처럼 보정했습니다 . 각 계조의 경계가 세세하지 않을 때 너무 큰 수치로 변경하면 색이 깨질 수 있으니 수시로 확인하면서 조절해야 합니다.

ONE POINT

보정에는 정답이 없습니다. 어디까지나 여러분의 개성과 센스를 표현하기 위한 테크닉 중 하나입니다. 여러분이 바라는 색 표현에 맞춰서 적절히 보정해 보세요.

03 빨강 계열로 피부색을 보정한다

계속해서 [빨강 계열]로 선택한 후 피부색을 보정합니다 6. 빨간색을 주황색에 가깝게 보정함으로써 사진 전체가 조금 부드러워졌습니다 7. 인물에서 일부 색만 바꾸면 전체적으로 어색해 보일 수 있으므로 신중하게 설정해야 합니다.

04 파랑 계열로 하늘의 색을 보정한다

[파랑 계열]에서 [녹청]과 [마젠타] 수치를 높이고, [노랑]을 낮춥니다 8. 하늘이나 바다의 파란색, 나무의 녹색 등 사진 전체를 차지하는 자연물의 색을 변경할 때는 이 방법이 도움이 됩니다 9.

채널 마스크를 사용하여
이상적인 대비로 바꾸기

053

곡선과 채널 마스크를 조합하여 더 세밀하게 대비를 조정할 수 있습니다.
RGB 채널별로 마스크를 사용했을 때 가장 큰 장점은 취급하는 정보량입니다.
범용성이 높은 색상 범위 기능과 비교할 때보다 정밀하게 마스크를 사용할 수 있으므로,
대비 등을 더 세밀하게 조절할 수 있습니다.

01 채널 마스크로 세밀하게 색을 조절한다

준비한 임의의 사진을 열고, [채널] 패널과 [곡
선] 조정 레이어를 조합하여 대비를 세밀하게 조
절해 보겠습니다 **1**.

02 RGB 채널별로 상태를 확인한다

[채널] 패널을 확인해 보면 [RGB] 채널 말고도
[빨강], [녹색], [파랑]의 3가지 채널이 따로 있습
니다 **2**. 3가지 색상별 채널을 각각 클릭해서 각
채널의 대비를 확인합니다 **3 4 5**. 색상별 채
널을 각각 선택하여 더욱 세밀하게 톤을 조절할
수 있습니다. 예를 들어 낮은 대비의 사진에 강
약을 표현하려면 대비가 가장 낮아 보이는 채널
을 강조하면 됩니다.

03 빨강 채널의 대비를 높인다

여기서는 [빨강] 채널의 대비가 낮아 보입니다.
우선 [채널] 패널에서 [빨강]을 선택한 후 **6**
Ctrl 을 누른 채 다시 [빨강]을 다시 클릭합니다.
[빨강] 채널의 선택 영역이 지정되면 **7** 메뉴바
에서 [레이어]→[새 조정 레이어]→[곡선]을 실
행하고 [속성] 패널에서 곡선을 조정합니다 **8**.
[빨강] 채널만의 대비가 보정됩니다 **9**.

04 파랑 채널의 대비를 낮춘다

대비가 높은 사진을 차분하게 보정하려면 대비
가 높은 채널에서 선택 영역을 지정하고, [곡선]
조정 레이어를 추가한 후 곡선을 역 S자로 조정
합니다. 여기서는 [파랑] 채널의 대비가 높아 보
이므로 [파랑] 채널의 선택 영역을 지정하고 **10**
11, [곡선] 조정 레이어를 추가하여 역 S자로 설
정합니다 **12** **13**.

ONE POINT

실험 삼아 별도의 채널을 선택하지 않고, [곡선] 조정 레이어를 추가한 후 대비를
보정해 보니 오른쪽 사진처럼 대비가 너무 진해지고 말았습니다. 이번 테크닉은
대비 보정 외에도 다양한 장면에서 활용할 수 있습니다. 예를 들어 채널 마스크를
사용해 컬러 그레이딩을 할 수도 있습니다.

054
음영을 만들어
사진을 강조하기

닷지 도구와 번 도구를 사용하여 임의의 포인트에서 대비를 조절합니다.

01 브러시 도구의 모양을 설정한다

임의의 사진을 열고 [닷지 도구] 혹은 [번 도구]를 선택합니다. [브러시 설정] 패널로 브러시 모양을 설정합니다 ■. 사진 보정 등의 작업에서는 펜 압력 감지 기능 등을 이용해 옅은 효과를 중첩하는 일이 많으므로, 펜 태블릿을 이용하는 것이 좋습니다. 하지만, 이번 실습에서는 펜 태블릿으로 작업하더라도 펜 압력 감지는 끄고, 그림처럼 설정합니다 ■.

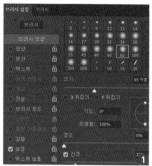

02 닷지 도구로 임의의 장소를 밝게 만든다

[닷지 도구]는 덧그린 부분을 더욱 밝게 합니다. 적용 범위는 어두운 영역, 중간 영역, 밝은 영역의 3계조로 나뉘며, [브러시 도구]처럼 덧그린 부분을 임의로 조정할 수 있어 효율적입니다. 여기서는 인물을 중심으로 밝은 영역과 중간 영역(이미지에서 밝게 보이는 부분)을 덧그려, 밝은 부분을 더욱 밝게 합니다 ■ ■. 구체적으로는 초점이 맞지 않아 부옇게 보이는 밝은 부분이나 모델의 피부, 머리카락 등이 이에 해당합니다. 이로써 자연스러운 대비가 표현됩니다.

03 번 도구로 임의의 장소를 어둡게 만든다

[번 도구]는 [닷지 도구]와는 반대로 덧그린 부분을 어둡게 하며, 적용 범위는 [닷지 도구]와 같습니다. 어두운 부분을 더욱 어둡게 하여 음영을 만들기 위해 어두운 영역을 중심으로 덧그리면 좋습니다. 여기에서는 계단이나 배경 등 아예 눈에 띄지 않게 하고 싶은 것은 아니지만, 조금 밝아 보이는 곳 위주로 어둡게 했습니다 5 6 .

04 음영을 만든다

기본적으로는 음영을 표현할 때는 사진에서 중간보다 조금 밝은 부분은 더 밝게, 중간보다 조금 어두운 부분을 더 어둡게 만들면 밸런스를 유지할 수 있습니다. 두 가지 도구를 사용할 때 효과가 너무 강하면 부자연스러워 보일 수 있으므로 [노출]은 [5%] 정도로 줄이고 사용하는 것이 좋습니다 7 . 또한 두 도구 모두 [색조 보호]에는 체크하고 사용하기 바랍니다. 두 도구로 디테일하게 보정한 예시입니다 8 .

ONE POINT

[번 도구]와 [닷지 도구]를 사용할 때 정답은 없습니다. 그러므로 명확한 목적의식을 가지고 꼼꼼하게 보정해야 합니다. 그럴 생각이 아니라면 [곡선] 조정 레이어를 이용해도 충분하기 때문입니다. 예를 들어, 피부의 밝은 영역을 [닷지 도구]로 덧그리거나, 눈썹이나 속눈썹과 같은 어두운 부분을 [번 도구]로 덧그리면 해당 부분에서 시선을 사로잡을 수 있습니다. 매우 간단한 테크닉이지만, [닷지 도구]와 [번 도구]를 자유자재로 사용한다면 인물 사진 보정의 신이라고 해도 과언이 아닙니다.

O55
계조별로
효과 반영하기
석양과 같은 역광을 표현하거나
광원에 색을 입히는 방법을 알아보겠습니다.

O1 이미지 적용으로 마스크를 만든다

준비한 임의의 사진을 열고 , 메뉴바에서 [레이어] → [새 조정 레이어] → [레벨]을 실행합니다 . 이어서 메뉴바에서 [이미지] → [이미지 적용]을 선택한 후 [레이어: 병합], [채널: RGB], [혼합: 곱하기], [불투명도: 100%]로 적용합니다 . [레벨] 조정 레이어의 마스크에 이미지 설정이 반영됩니다 . 이것으로 어두운 부분만 마스크 처리된 [레벨] 조정 레이어가 되었습니다. 알기 쉽게 레이어 이름을 [밝은 영역]으로 변경합니다.

O2 만들어진 마스크를 표시한다

[이미지 적용]으로 만들어진 마스크를 자세히 보면 흑백 사진처럼 풍부한 계조 정보를 가지고 있다는 점을 알 수 있습니다 . 메뉴바에서 [선택] → [색상 범위]를 실행했을 때와 비교하면 막대한 정보량을 가진 마스크이므로 세밀하게 보정할 수 있습니다.

03 레이어를 복제하여 계조를 반영한다

[밝은 영역] 레이어를 복제하고([Ctrl]+[J]), 레
이어 마스크 섬네일을 선택한 후 [Ctrl]+[I]를
눌러 마스크 정보를 반전합니다. 이 레이어의 이
름을 [어두운 영역]으로 변경합니다 **6**. 앞과 반
대로 밝은 부분을 마스크 처리하여 어두운 영역
에만 효과가 반영되는 레이어입니다. 어두운 영
역과 밝은 영역을 각각 보정할 수 있는 레이어가
2개 준비되었습니다. [어두운 영역] 레이어의 마
스크를 보면 역시 정보량이 많다는 점을 알 수
있습니다 **7**.

04 계조별로 이미지를 보정한다

이제 2개의 [레벨] 조정 레이어를 이용하여 밋밋
하게 보정하면 됩니다. 개인적인 취향이 반영될
수 있지만, 여기서는 [어두운 영역] 레이어에서
어두운 영역을 밝게 하여 색상을 추가하고 **8**,
[밝은 영역] 레이어에서 하이라이트 영역을 어둡
게 함으로써 **9**, 더욱 확실히 색상이 드러나는
사진으로 완성했습니다 **10**.

ONE POINT

레이어에 마스크를 만드는 방법은 많지만, 이
번에는 [이미지 적용]을 실행한 후 혼합 모드
를 [곱하기]로 적용했습니다. 연산된 합성 정
보가 선택 영역이 되며, 합성된 선택 영역에
마스크가 만들어집니다.

장노출로 촬영한 것 같은 하늘 만들기

흐림 효과 필터를 사용하여 구름을 장노출 촬영한 것처럼
표현할 수 있습니다. 주로 건축 사진 등에서 활용되는 테크닉입니다.

056

01 **장노출 레이어에 흐림 필터를 적용한다**
준비한 사진을 열고 원본 이미지를 복제한 후
[장노출 레이어]로 이름을 변경합니다 **1**. 메뉴
바에서 **[필터]** → **[흐림 효과]** → **[동작 흐림 효
과]**를 선택한 후 **[각도]**와 **[거리]**를 사진에 따라
설정합니다. 여기서는 **[각도: −8]**, **[거리: 1900
픽셀]**로 설정했습니다 **2 3**.

02 장노출 레이어의 크기를 조정한다

메뉴바에서 [편집] → [자유 변형]을 실행하여 동작 흐림 효과를 적용한 이미지의 크기를 키웁니다. 번지듯이 표현된 하늘과 모래의 경계 부분이 부자연스럽지 않게 조절합니다 .

03 하늘 레이어를 마스크 처리하고 장노출 레이어와 배경을 합성한다

[장노출 레이어]의 [눈] 아이콘을 끕니다 **5**. 원본 이미지 레이어를 선택한 후 [자동 선택 도구] 등으로 하늘 부분을 선택 영역으로 지정합니다. 그 상태에서 다시 [장노출 레이어]를 선택하고, [눈] 아이콘을 켜서 선택된 범위를 확인합니다. 선택 영역에만 [장노출 레이어]의 이미지가 표시되도록 [레이어 마스크 추가]를 실행합니다 **6** **7**.

04 하늘과 구름의 대비를 보정한다

메뉴바에서 [레이어] → [새 조정 레이어] → [곡선]을 실행한 후 [속성] 패널에서 밝기를 보정하고 **8**. 조정 레이어의 마스크를 사용하여 필요한 영역에만 효과가 반영되도록 마스크 처리합니다 **9**. 같은 방법으로 [곡선] 조정 레이어를 추가한 후 효과 적용 범위를 조절합니다 **10**.

05 스포트라이트를 추가한다

예시 사진에서 인물 부분에 스포트라이트가 닿는 것처럼 표현하기 위해 선택 영역을 지정한 후 **[곡선]** 조정 레이어를 활용합니다 **11** **12**. 자세한 방법은 **[051]** 테크닉을 참고하세요.

06 이미지를 흑백화한다

마지막으로 메뉴바에서 **[레이어]** → **[새 조정 레이어]** → **[흑백]**을 실행하여 흑백으로 바꾸고, **[속성]** 패널에서 세부적인 수치를 변경합니다 **13** **14** **15**.

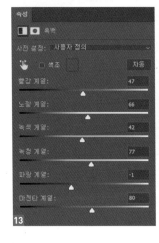

ONE POINT

이번 테크닉은 하늘과 땅의 경계가 확실할 때 사용하면 효과적입니다. 필터를 적용했을 때 땅과 하늘이 섞여 버리므로, [뒤틀기 도구]나 [사각형 도구]를 사용해 범위를 선택한 후 하늘을 합성하는 느낌으로 보정하면 제대로 매칭됩니다. 일부러 [동작 흐림 효과] 필터의 [거리] 수치를 높여서 더욱 흐리게 만드는 방법도 있습니다.

057
라이트룸으로
자동 보정 되돌리기

이번 테크닉은 포토샵이 아닌 라이트룸에서 자동 보정을 되돌리는 방법입니다.
라이트룸을 한 번쯤 사용해 봤다면 가볍게 읽고 넘어가세요.

01 RAW 데이터를 라이트룸에서 연다

라이트룸을 실행한 후 임의의 RAW 파일을 열면 **1** 대비가 높은 사진일수록 라이트룸에서 자동으로 사진이 보정됩니다. 이 이미지를 보정 전의 뉴트럴한 상태로 되돌리겠습니다.

02 카메라 캘리브레이션 설정을 변경한다

라이트룸 왼쪽 위에서 [현상] 탭을 클릭합니다. 그런 다음 오른쪽 패널 모음에서 [보정] 패널을 열고, [프로세스]에서 [버전 2]를 선택합니다 **2**.

03 사전 설정을 제로 설정으로 바꾼다

라이트룸 오른쪽에서 [사전 설정] 패널을 열고 [클래식-일반] 항목의 [제로 설정]을 선택합니다 **3**. 이것으로 라이트룸에 의한 자동 보정이 취소됩니다 **4**. 설정을 변경한 후에는 [보정] 패널의 [프로세스]를 최신 버전으로 되돌립니다. [사전 설정] 패널에서 [클래식-일반] 항목을 찾을 수 없다면, 패널 오른쪽 위에 있는 [+]를 클릭한 후 [사전 설정 관리]를 선택해서 추기할 수 있습니다.

ONE POINT

반드시 자동 보정을 되돌릴 필요는 없습니다. 더욱 뉴트럴한 데이터가 필요하거나 자신이 촬영한 인상과 너무 큰 차이가 있을 때 사용하면 됩니다.

058
석양이 비치는 느낌 재현하기

석양 사진은 주황빛이 특징이지만, 오토 화이트밸런스로 촬영한 사진에서는 석양의 느낌이 사라지고 밋밋한 색감이 되어 버리기 쉽습니다. 여기에서는 라이트룸 보정 기능으로 붉은 기를 더하여 석양의 느낌을 재현해 보겠습니다.

O1 **화이트밸런스로 붉은 기를 더한다**

석양 느낌의 붉은 기를 더할 때 가장 쉬운 방법은 화이트밸런스를 조절하는 것입니다. 준비한 인물 사진을 라이트룸에서 열고 **1**, [현상] 탭에서 [기본] 패널의 [흰색균형]을 [자동]으로 변경합니다. [색온도]는 더해지고 [색조]는 마젠타 쪽으로 조정됩니다 **2 3**. 각 옵션의 수치는 직접 조정해도 되지만, 빛이 닿지 않은 부분까지 붉은 기가 추가되지 않도록 주의해야 합니다. 이어서 [노출] 등을 조정하여 원하는 밝기가 되도록 보정합니다 **4**.

02 톤 곡선으로 붉은 기를 조정한다

계속해서 [톤 곡선] 패널을 열고 이미지의 붉은 기를 보정합니다. 빛이 닿지 않는 부분의 붉은 기를 억제하고, 빛이 닿는 부분의 붉은 기를 강하게 키웁니다. 여기서는 [파랑 채널] **5**, [녹색 채널] **6**, [빨강 채널] **7**을 각각 보정했습니다 **8**.

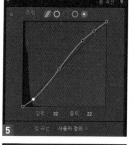

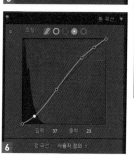

03 색보정으로 톤을 차분하게 다듬는다

[명암별 색보정] 패널을 열고 전체 톤을 차분하게 만듭니다. 앞의 보정으로 밝은 영역의 붉은 기가 강해진 상태이므로, 그 부분에 반대색인 녹청 색상을 추가하여 밸런스를 맞췄습니다 **9** **10**. 눈에 띄게 큰 차이는 없지만, 이러한 세세한 보정이 최종적으로 좋은 결과물을 만듭니다.

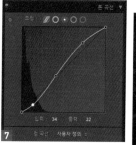

04 최종 인상에 맞춰 톤 곡선으로 보정한다

표현하고 싶은 인상에 맞춰서 전체적인 톤을 보정합니다. 여기서는 어두운 영역의 대비가 조금 강해 보이므로 [톤 곡선] 패널에서 [어두움]과 [어두운 영역]을 조정했습니다 **11** **12**.

ONE POINT

위 실습은 포토샵에서도 조정 레이어 등을 이용해 보정할 수 있습니다. 하지만 라이트룸의 [현상] 탭을 이용하면 같은 빛의 조건에서 촬영한 여러 사진을 일괄적으로 보정할 수 있습니다.

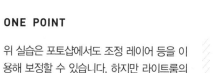

059
라이트룸용으로
카메라 프로파일 만들기

시중에 판매되는 컬러 차트를 사용하여 모니터 캘리브레이션만이 아니라 카메라에 따른 색의 차이도 조정합니다.
올바른 색 표현이 요구되는 상품 촬영 등에서는 서로 다른 카메라를 사용함으로써 색의 차이가 발생할 수 있습니다.
이런 상황을 방지하기 위해 통일된 색 표현을 할 수 있는 프로파일을 카메라별로 준비해 두는 것이 좋습니다.
X-Rite의 컬러 체커나 Datacolor의 스파이더 체커 등 컬러 캘리브레이션과 화이트밸런스 보정을 위한 제품이 있습니다.
컬러 차트를 이용해 올바른 색을 측정함으로써 카메라별 색의 차이나 제조사별 색의 차이를 통일할 수 있습니다.
여기서는 필자가 주로 사용하는 X-Rite의 컬러 체커를 예로 그 사용법을 소개합니다.

01 컬러 차트를 촬영한다

우선 구입한 컬러 체커를 캘리브레이션하고 싶
은 카메라로 촬영합니다 **1**. 촬영할 때는 컬러
차트 부분을 손가락으로 가리지 않고, 차트의 각
색을 동일한 빛으로 노출하며, 노출 과다 및 노
출 부족에 주의합니다.

02 차트 이미지를 불러와서 카메라 프로파일을 만든다

촬영한 차트 이미지를 라이트룸으로 불러옵니다. X-Rite사 'ColorChecker Passport'에 들어 있는 라이트룸 플러그인을 사용하면 촬영한 차트 이미지를 카메라 프로파일로 저장할 수 있습니다 2 . 이 플러그인은 차트 이미지에서 자동으로 대상을 검출해 줍니다. 그 밖에 포토샵의 Camera Raw 플러그인도 있습니다.

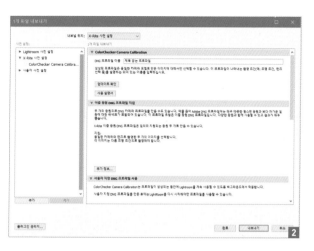

03 라이트룸 카메라 프로파일을 선택한다

라이트룸을 다시 실행합니다. [현상] 탭의 [기본] 패널에서 [프로파일]의 [찾아보기]를 선택하여 앞서 만든 카메라 프로파일을 찾습니다 3 . 이것으로 캘리브레이션을 한 프로파일을 이용할 수 있게 되었습니다. 컬러 프로파일을 변경하기 전의 사진 4 과 변경 후의 사진입니다 5 . 그 차이를 한눈에 봐도 알 수 있겠죠?

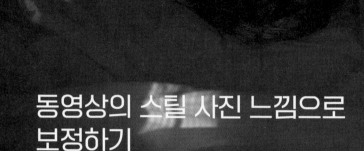

동영상의 스틸 사진 느낌으로 보정하기

060

영화나 다큐멘터리 등 동영상에서 잘라낸 스틸 사진에는 독특한 분위기가 있습니다.
여기에서는 라이트룸 보정 기능을 적용하여 뉴트럴한 분위기를 연출해 보겠습니다.

01 동영상 특유의 단조로운 대비를 재현한다

'로그 촬영'한 영상은 정지 이미지의 'RAW'와
유사합니다. 이러한 로그 촬영은 기본적으로 고
급스러운 느낌으로 표현되며, 뉴트럴하고 단조
로운 영상이 만들어집니다 . 본래라면 로그 촬
영 데이터에서 색상 보정 과정을 거치지만, 그
전에 잘라낸 스틸 사진은 디지털 카메라로 촬영
한 사진과 비교할 때 대비가 약합니다 2. 여기
서는 그런 스틸 사진 느낌을 만들어 봅니다.

02 노출량과 대비를 낮춘다

준비한 인물 사진을 라이트룸에서 열고 [보정]
탭의 [기본] 패널에서 [대비]를 낮춥니다 3. 준
비한 사진에 따라 차이가 있겠지만 [-70] 정도
로 크게 낮춰 보세요. 그에 따라 [노출]도 [-1]
정도로 낮췄습니다 4.

03 계조를 조정하여 대비를 낮춘다

계속해서 [기본] 패널에서 톤을 조정합니다 .
[어두운 영역]은 히스토그램에서 어두운 부분과
중간부 사이에 해당하므로 이 수치를 높여서 어
두운 부분을 밝게 키웁니다. [밝은 영역]은 히스
토그램의 중간부와 밝은 부분 사이에 해당하므
로 이 수치를 낮춰서 밝은 부분을 억제하면 전
체가 어두워집니다. [검정 계열]은 사진에서 가
장 어두운 영역이므로 수치를 높여서 밝게 만들
고, [흰색 계열]은 예시 사진에서 직사광이 들어
오는 가장 밝은 영역이므로 수치를 약간 높여서
드라마틱한 분위기를 남깁니다. 어두운 부분은
밝아지고 밝은 부분은 어두워져 결과적으로 대
비가 낮아졌습니다 .

04 색보정으로 컬러 그레이딩을 한다

[색보정] 패널에서 어두운 영역과 밝은 영역에
각각 색상을 추가합니다. 일반적으로 어두운 영
역에 파랑을, 밝은 영역에 주황을 추가하면 어떤
사진에서나 어울리는 분위기를 얻을 수 있습니
다 . 마지막으로 [톤 곡선] 패널에서 전체의
밝기와 톤을 보정합니다 9.

ONE POINT

라이트룸에서는 여러 사진에 동일한 설정을
동시에 적용할 수 있습니다. 이 기능을 이용
하여 여러 스냅 사진을 영화의 스틸 사진처럼
현상할 수 있습니다. 그러므로 포토샵에서 세
밀하게 보정하기 전에 간단한 기본 보정을 라
이트룸에서 처리하는 것이 좋습니다.

061
영화 같은 분위기가 감도는 색조 ①

그레이디언트 맵을 사용하여 영화나 뮤직비디오 등에서 볼 수 있는 독특한 배색을 만듭니다.

01 그레이디언트 맵을 추가한다

준비한 사진을 열고 **1**, 메뉴바에서 [레이어] →
[새 조정 레이어] → [그레이디언트 맵]을 실행하
여 조정 레이어를 추가합니다 **2**. [레이어] 패널
에서 혼합 모드를 [소프트 라이트] 혹은 [오버레
이]로 설정하면 **3** 중간 영역을 경계로 빛이 투
과됩니다 **4**.

02 그레이디언트 편집기로 배색을 정한다

[속성] 패널에서 그레이디언트 부분을 클릭해서
[그레이디언트 편집기]를 열고, 사전 설정 목록
에서 원하는 배색을 선택하거나, 슬라이더를 조
작하여 원하는 그레이디언트를 만듭니다 **5 6**.
[그레이디언트 편집기]에서 왼쪽 슬라이더는 어
두운 영역, 오른쪽은 밝은 영역의 배색을 의미합
니다. 양쪽에 서로 다른 색을 설정함으로써 임의
의 색상 그레이디언트를 만들 수 있으나, 배색에
는 센스가 필요합니다. 예시는 어두운 영역에 파
란색을 설정한 후 밝은 영역에 주황색을 설정한
것으로, 색상환에서 보색 관계에 있는 색을 선택
하면 대체로 잘 어울립니다 **7 8**.

ONE POINT

영화나 뮤직비디오에서는 그 작품성을 높이기 위해 컬러 그레이딩에 독특한 배색이 사용되는 일이 종종 있습니다. 사진에서
도 위와 같이 색조를 바꿈으로써 다양한 느낌을 연출할 수 있게 됩니다.

062
영화 같은 분위기가 감도는 색조 ②

레벨 조정 레이어를 추가하여 임의의 색상을 보정할 수 있습니다.

01 조정 레이어를 추가한다

준비한 사진을 엽니다 **1**. 메뉴바에서 [레이어]
→ [새 조정 레이어] → [레벨]을 실행하여 조정
레이어를 추가한 후 **2** [레이어] 패널에서 혼합
모드를 [색상]으로 변경합니다.

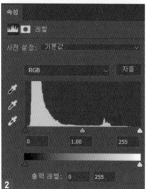

02 채널별로 보정한다

[속성] 패널에서 [빨강]**3**, [녹색]**4**, [파랑]**5**
채널별로 레벨을 보정합니다. 컬러 그레이딩은
기본적으로 색상환의 보색 관계에 있는 색조를
강조하면 효과적입니다. 예를 들어 어두운 영역
의 파란색을 높였다면, 밝은 영역의 파란색을 낮
췄을 때 균형이 잘 맞습니다. 결과적으로 노란색
이 추가되는 셈입니다 **6**.

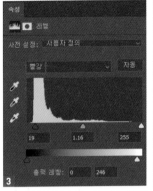
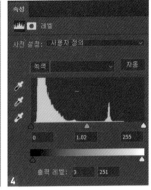
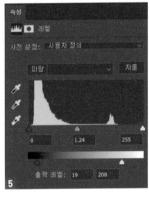
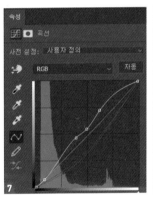

03 곡선을 사용하여 보정한다

[곡선] 조정 레이어를 추가해도 같은 효과를 얻
을 수 있습니다. 어느 방법을 이용할지는 개인의
선택에 맡기겠습니다. 필자는 계조별로 출력을
증감하고 싶을 때 [곡선]을, 이미지 전체의 톤을
보정하고 싶을 때 [레벨]을 사용합니다. 이번 실
습의 최종 결과 이미지는 [곡선]으로 색조를 변
경하고 **7**, [레벨]로 전체의 톤을 보정한 결과입
니다 **8**.

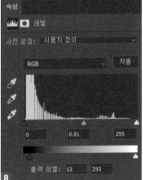

ONE POINT

[속성] 패널에서 설정한 수치를 다른 사진에서도 활용하려면 사전 설정으로 저장해 두면 됩니다. [속성] 패널의 오른쪽 위에
있는 옵션 메뉴에서 [레벨 사전 설정 저장]을 선택해서 저장하고, [레벨 사전 설정 불러오기]를 선택해서 저장한 설정을 불러
올 수 있습니다.

063

너무 강해진 색을
차분하게 정돈하기

피부의 계조나 사진 전체의 톤 등 대비나 채
도가 너무 강하다면 과도한 색상을 억제하여
세련된 색조로 정돈합니다.

01 측정한 색상으로 칠한다

준비한 인물 사진을 엽니다 **1**. 예시 이미
지는 완성에 가깝지만, 피부에 분홍색이 강
한 것처럼 느껴집니다. 이것을 자연스럽게
정돈해 보겠습니다. 우선 [스포이드 도구]
를 이용하여 피사체에서 색이 너무 강한 부
분을 추출합니다 **2**. 새 레이어를 추가한
후 추출한 색상으로 전체를 채웁니다 **3**.

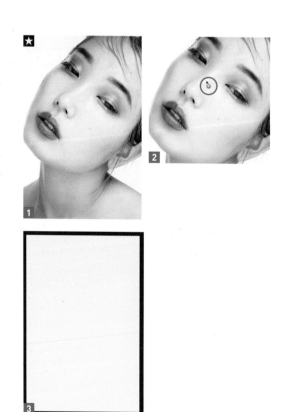

02 측정한 색상의 보색으로 변환한다

메뉴바에서 [이미지] → [조정] → [반전]을 실행
하거나 [Ctrl]+[I]를 눌러 레이어에 채워진 색을
보색으로 변환합니다 . [레이어] 패널에서 혼
합 모드를 [색상]으로 변경합니다 5 6.

03 불투명도를 조절하여 마무리한다

보색으로 채운 레이어의 [불투명도]를 [2~10%]
사이로 변경해 가면서 적절한 수치를 선택합니
다 7. 지나치게 색상이 두드러지는 부분이 남아
있다면 8 마스크를 추가해서 일부에만 효과를
적용해도 좋습니다 9 10.

ONE POINT

사진에 따라 여러 색상에서 보정이 필요할 수도 있습니다. 이럴 때는 포인트별로 조정 레이어를 준비하여 세세하게 보정하
세요. 극히 사소한 차이라고 생각할지도 모르지만 전체적인 사진의 완성도가 높아집니다.

064

자연스러운 톤을 유지하고 대비만 보정하기

채도와 대비가 높은 사진은 무척 화려해 보이지만, 부자연스러운 톤일 가능성이 높습니다. 이러한 문제는 레이어의 혼합 모드로 간단히 해결할 수 있습니다.

01 곡선을 보정한다

준비한 사진을 엽니다 **1**. 메뉴바에서 [레이어] → [새 조정 레이어] → [곡선]을 실행한 후 [속성] 패널에서 곡선을 S자로 만듭니다 **2**. 곡선을 S자로 만들면 어두운 영역의 곡선은 낮춰서 어두운 영역을 더욱 어둡게, 밝은 영역의 곡선은 높여서 밝은 영역을 더욱더 밝게 하여 대비를 높입니다. 단, RGB 각각의 광도가 발생하여 채도까지 높아집니다 **3**.

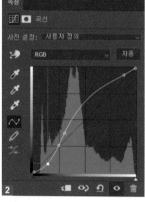

02 혼합 모드를 광도로 설정한다

이미지의 색상은 유지한 채 대비만 바꿀 것이므로 [곡선] 조정 레이어의 혼합 모드를 [광도]로 변경합니다 **4**. [곡선]의 보정에 의해 부자연스러워진 색상이 원래대로 돌아가고, 밝기만 변경됩니다 **5**.

03 혼합 모드를 색상으로 설정한다

한편 [곡선]을 보정한 후 **6** 혼합 모드를 [색상]으로 변경하면 보정 결과를 색상 정보에만 반영할 수 있습니다 **7**.

3 자연스러운 풍경 사진 보정과 편집

일상적으로 자주 접하는 꽃이나 풍경, 건물 등
실제로 쓸모가 많은 보정 방법을 소개합니다.

065
하이키 톤으로
밝은 분위기
연출하기

Camera Raw 필터를 사용하여 밝은
영역을 보호하면서 어두운 영역을 밝게
보정합니다.

Ps 예제 파일 | 065_base.psd

01 고급 개체로 변환한다

예제 파일을 보면 딱히 밝기에 문제가 있는 것
은 아니지만, 추가로 보정해 더욱 밝은 분위기로
연출해 보겠습니다 **1**. 메뉴바에서 [필터] → [고
급 필터용으로 변환]을 실행하여 고급 개체로 변
환합니다 **2**.

02 Camera Raw 필터로 노출을 조정한다

메뉴바에서 [필터] → [Camera Raw 필터]를
선택한 후 [기본] 패널에서 [노출]을 [+1.65] 정
도로 설정합니다 **3**. 전체적으로 밝아졌지만, 천
장에 매달린 조명처럼 애초에 밝은 범위는 디테
일이 사라지므로 추가로 보정이 필요합니다.

03 밝은 영역과 흰색 계열로 보정한다

[밝은 영역]과 [흰색 계열]을 각각 [−70]까지 낮
춥니다 **4**. [밝은 영역]과 [흰색 계열]은 이미지
에서 밝은 범위만 한정하여 보정할 수 있는 옵
션으로, 밝은 영역이 너무 밝아지는 것을 막고,
본래의 디테일을 살리고 싶을 때 유용합니다.
[확인]을 클릭하여 보정 내용을 적용합니다.

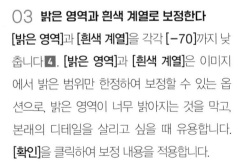

066
저녁 느낌 강조하기

곡선을 사용하여 채널별로 농도를 보정하고 저녁의 붉은 기를
강하게 키웁니다.

Ps 예제 파일 | 066_base.psd

01 사진을 열고 상태를 확인한다

예제 파일은 수평선으로 저물기 전의 석양 사진
입니다 **1**. 태양 주변은 약간 붉은 기가 감돌지
만, 전체적으로는 회색빛이 감도는 색조이므로
석양의 인상이 크게 드러나지 않습니다.

02 빨강 채널로 붉은 기를 키운다

메뉴바에서 [레이어] → [새 조정 레이어] → [곡
선]을 실행하여 조정 레이어를 추가합니다 **2**
3. [속성] 패널에서 [빨강] 채널을 선택하고, 그
림처럼 곡선을 보정합니다 **4**. 전체적으로 붉은
기가 강해졌습니다 **5**.

03 파랑 채널로 푸른 기를 약하게 한다

아직은 부자연스러운 붉은 기를 보정하기 위해
[파랑] 패널을 선택하고, 그림처럼 곡선을 보정
합니다 **6**. 전체적으로 노린색이 강해지면서 자
연스러운 색조가 됩니다. 색조 보정의 정도는 조
정 레이어에서 [불투명도]를 조절합니다. 여기서
는 [80%]로 낮춰서 완성했습니다 **7**.

Welcome to
My Home Town
我が街いいとこ発見マガジン

067
안개 낀 듯한 풍경을 깨끗하게 변경하기

Camera Raw 필터에 탑재된 안개 제거 기능을 사용하여 먼 거리의 경치를 보정합니다.

Ps 예제 파일 | 067_base.psd

01 배경 레이어를 복제한다

예제 파일은 멀리 보이는 경치에 안개가 끼어 있고, 전체의 톤이 흐리멍덩한 인상입니다 **1**. Ctrl + J 를 눌러 원본 이미지를 복제하고, 이름을 [채도 보정용]으로 변경한 후 [눈] 아이콘을 꺼서 가립니다 **2**.

02 Camera Raw 필터로 안개를 제거한다

원본 레이어를 선택하고, 메뉴바에서 [필터] → [Camera Raw 필터]를 선택한 후 [기본] 패널에서 [안개 현상 제거]를 [+60] 정도로 조절한 후 적용합니다 **3** **4**. 너무 심하게 조절하면 부자연스러운 색조가 되므로 주의하세요. 최신 버전의 포토샵이 아니라면 [효과] 패널에서 [안개 현상 제거]를 찾을 수 있습니다.

03 혼합 모드로 채도를 보정한다

[안개 현상 제거]를 사용하면 보정 부분의 채도가 조금 높아질 수 있습니다. 앞서 복제해 둔 레이어를 사용해 보정하겠습니다. [채도 보정용] 레이어의 [눈] 아이콘을 켜고 혼합 모드를 [채도]로 변경합니다. [불투명도]를 조정하면서 채도를 미세하게 보정합니다 **5** **6**. 필요에 따라서 [곡선] 등의 조정 레이어를 추가하여 전체적인 톤을 보정해도 좋습니다 **7** **8**.

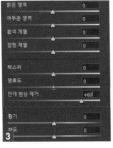

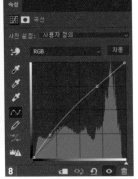

068
역광을 합성하여
감성적으로 표현하기

역광 필터와 곡선에 의한 색조 보정을 조합하여 분위기
있는 비주얼로 보정합니다.

Ps 예제 파일 | 068_base.psd

01 고급 개체로 변환한다

예제 파일은 어두운 숲속 사진입니다 **1**. 메뉴바
에서 [필터] → [고급 필터용으로 변환]을 실행하
여 고급 개체로 변환해 둡니다 **2**.

02 역광 필터로 햇빛을 추가한다

메뉴바에서 [필터] → [렌더] → [렌즈 플레어]를
선택한 후 [명도: 120%], [렌즈 유형: 50-
300mm 확대/축소]로 설정합니다. 미리 보기
화면에서 광원을 드래그하여 적당한 위치로 옮
긴 후 [확인]을 클릭해서 적용하면 **3** 역광이 합
성됩니다 **4**.

03 전체의 색조를 보정한다

메뉴바에서 [이미지] → [조정] → [곡선]을 선택
한 후 채널별로 곡선을 보정합니다. [RGB] **5**
와 [빨강] 채널 **6** 에서 왼쪽 끝의 조절점을 위로
옮기면 전체적으로 어두운 영역이 밝아지고 붉
은 기가 강해집니다. 원본 사진의 색감이나 취향
에 따라서 추가로 각 채널의 곡선을 미세하게
보정한 후 적용합니다 **7** **8**.

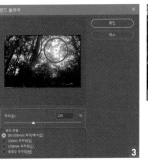

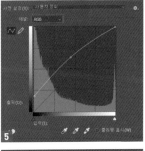
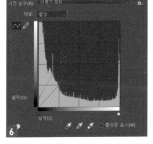

069
부옇고 흐리게 만들어 동화적인 느낌 내기

흐리게 처리한 이미지를 겹침으로써 렌즈에 천을 씌운 채 촬영한 것처럼 가장자리가 부드럽게 표현됩니다.

Ps 예제 파일 | 069_base.psd

01 흐림 효과를 줄 레이어를 준비한다

예제 파일을 열고 1, [Ctrl]+[J]를 눌러 원본 이미지를 복제한 후 이름을 [흐림]으로 변경합니다. [흐림] 레이어를 선택하고 메뉴바에서 [필터] → [고급 필터용으로 변환]을 실행하여 고급 개체로 변환합니다 2.

02 복제한 레이어를 흐리게 처리한다

[흐림] 레이어의 혼합 모드를 [스크린]으로 변경합니다 3 4. 메뉴바에서 [필터] → [흐림 효과] → [가우시안 흐림 효과]를 선택한 후 [반경: 10 픽셀]로 적용합니다 5 6.

03 흐림의 농도를 조절한다

흐림 효과가 조금 강하므로, [흐림] 레이어의 [불투명도]를 [70%] 정도로 조절합니다. [흐림] 레이어에 적용된 [가우시안 흐림 효과]를 더블클릭하면 [반경] 수치를 다시 조절할 수 있습니다 7. 수치를 조절하면서 적당한 흐림 정도를 선택해서 적용합니다 8.

바람에 흘날리는 벚꽃잎 연출하기

070

브러시 도구와 레이어 스타일로 벚꽃잎 이미지를 만들어 합성하고,
크기가 다른 꽃잎을 흩뿌려 원근감을 표현합니다.

Ps 예제 파일 | 070_base.psd, 070_벚꽃잎.psd

01 꽃잎 형태를 브러시로 등록한다

[070_벚꽃잎.psd] 파일을 엽니다. 꽃잎을 촬영
하여 오려낸 것입니다 **1**. 메뉴바에서 [편집] →
[칠]을 선택한 후 [내용: 검정]으로 설정하고, [투
명도 유지]에 체크한 후 [확인]을 클릭합니다 **2**.
꽃잎이 검은색으로 칠해지면 **3** 메뉴바에서 [편
집] → [브러시 사전 설정 정의]를 선택한 후 [이
름: 벚꽃잎]으로 적용하여 브리시로 등록합니다
4 **5**.

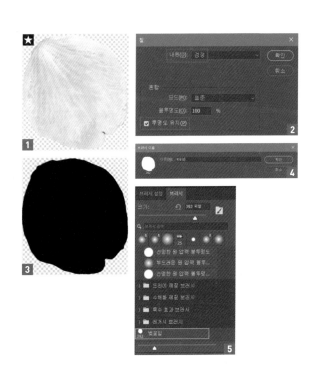

02 꽃잎 브러시의 크기와 각도를 설정한다

[브러시 도구]에서 앞서 등록한 [벚꽃잎] 브러시를 선택합니다. [브러시 설정] 패널을 열고, [모양]을 선택한 후 [크기 지터: 70%], [각도 지터: 100%], [원형율 지터: 70%], [최소 원형률: 25%]로 설정합니다. [조절]은 모두 [끔]이고, [X 지터 뒤집기]와 [Y 지터 뒤집기]도 체크 해제 상태입니다 **6**.

03 브러시가 흩뿌려지는 정도를 정하고 사전 설정으로 등록한다

이번에는 [브러시 설정] 패널에서 [분산]을 선택한 후 [분산: 1000%], [양 축]에 체크합니다 **7**. 이어서 [브러시 모양]을 선택한 후 [크기: 20픽셀], [간격: 1000%]로 설정합니다 **8**. 패널 오른쪽 아래에 있는 [+](새 브러시 만들기)를 클릭하여 [이름: 꽃잎 브러시]로 설정하고 [확인]을 클릭하여 새로 설정한 브러시를 [브러시] 패널에 등록합니다 **9**.

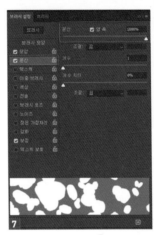

04 사진에 꽃잎을 추가한다

[070_base.psd] 파일을 엽니다. 왼쪽 반은 벚나무, 오른쪽 반은 하늘인 구도입니다 **10**. 앞서 설정한 [꽃잎 브러시]가 선택된 상태에서 [전경색]을 [R 225, G 200, B 225]로 설정합니다. 새 레이어를 추가한 후 **11** [브러시 도구]로 화면을 드래그하거나 클릭하면서 오른쪽 하늘 영역을 중심으로 꽃잎을 추가합니다 **12**.

05 패턴 오버레이로 꽃잎에 질감을 더한다

메뉴바에서 [레이어] → [레이어 스타일] → [패턴 오버레이]를 선택한 후 [레이어 스타일] 창이 열리면 [패턴]에서 [개미 농장]을 선택합니다 . 이어서 [혼합 모드: 소프트 라이트], [비율: 50%]로 설정하고 [확인]을 클릭해서 적용하면  꽃잎에 약간의 질감이 더해집니다 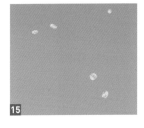. [개미 농장] 패턴은 레거시 패턴을 추가해야 사용할 수 있습니다.

06 화면 바로 앞에 꽃잎을 추가한다

[꽃잎 브러시]의 [크기]를 [50픽셀]로 변경합니다 . 새 레이어를 추가한 후  [전경색]을 [R 235, G 215, B 235]로 변경하여 전체에 꽃잎을 추가합니다 . 과하면 조잡해 보이므로, 앞서 만든 레이어보다 조금 적은 수를 추가합니다. 그런 다음 앞과 같은 방법으로 질감을 추가하되, 꽃잎이 크므로 [비율: 150%]로 적용합니다 .

07 앞쪽의 꽃잎은 흐리게 처리한다

50픽셀로 그린 꽃잎 레이어가 선택된 상태로 메뉴바에서 [레이어] → [래스터화] → [레이어 스타일]을 실행합니다. 레이어 스타일로 추가한 효과가 픽셀에 반영합니다 . 마지막으로 메뉴바에서 [필터] → [흐림 효과] → [가우시안 흐림 효과]를 선택한 후 [반경: 6픽셀]로 적용합니다. 흐림 효과의 반경은 사진에 따라 조절하면 됩니다 . 큰 꽃잎을 흐리게 처리함으로써 원근감을 표현했습니다 .

맑은 하늘에 구름 추가하기

맑고 깨끗한 하늘 사진은 상쾌한 인상을 주지만, 단조로울 수 있습니다.
파란 하늘에 구름을 추가해 보겠습니다.

Ps 예제 파일 | 071_base.psd, 071_sky.psd

071

01 하늘을 선택 영역으로 지정한다

[071_base.psd] 파일처럼 단색에 가까운 맑
은 하늘은 색상 범위 기능으로 쉽게 선택할 수
있습니다 **1**. 메뉴바에서 [선택] → [색상 범위]
를 선택한 후 [선택: 샘플 색상], [선택 영역 미리
보기: 회색 음영]으로 설정합니다 **2**. [지역화된
색상 집합]에 체크하고, [스포이드 도구]로 하늘
을 클릭합니다 **3**. [허용량] 및 [범위] 수치를 조
절하고, 하얗게 변하지 않은 부분은 Shift 를 누
른 채 클릭하여 지정 색상 범위로 추가하여 미
리 보기의 하늘이 그림처럼 하얗게 표시되면
[확인]을 클릭합니다 **4**. 미리 보기에서 하얗게
표시된 부분이 선택 영역으로 지정됩니다 **5**.

02 하늘을 붙여넣고 크기를 조절한다

합성할 [071_sky.psd] 파일을 열고 전체를 복사합니다 . [071_base.psd] 파일로 돌아온 후 메뉴바에서 [편집] → [특수 붙여넣기] → [안쪽에 붙여넣기]를 실행합니다. 새 레이어에 복사한 이미지가 붙여넣기 되며, 선택 영역에 맞춰 자동으로 레이어 마스크가 만들어집니다  . 메뉴바에서 [편집] → [변형] → [비율]을 선택하고 하늘의 크기와 위치를 조절합니다 9.

03 조정 레이어 채널별로 색감을 보정한다

구름과 배경 사진의 색감에 차이를 보정하여 좀 더 자연스럽게 합성해 보겠습니다. 메뉴바에서 [레이어] → [새 조정 레이어] → [곡선]을 선택한 후 [이전 레이어를 사용하여 클리핑 마스크 만들기]에 체크하고 [확인]을 클릭합니다 . 이로써 아래에 있는 구름 레이어에만 조정 레이어의 효과가 반영됩니다 . [속성] 패널에서 각 채널의 곡선을 보정하여 완성합니다  ~ .

ONE POINT

구름 사진을 따로 준비하지 못했고, 최신 버전의 포토샵을 사용 중이라면 [편집] → [하늘 대체]를 선택한 후 원하는 하늘 이미지를 선택해서 자연스럽게 합성할 수 있습니다.

3 LANDSCAPE

072
자연 풍경을
밝고 화려하게 보정하기

푸른 하늘과 들판이 칙칙하게 찍힌 사진이라면 풍경 사진의 매력이 반감됩니다. Camera Raw 필터로 보정해 보겠습니다.

Ps 예제 파일 │ 072_base.psd

01 하늘의 색조를 보정한다

예제 파일을 열고 **1**, 메뉴바에서 [필터] → [Camera Raw 필터]를 선택하여 [Camera Raw] 창을 엽니다. [색상 혼합] 패널의 [채도] 탭에서 [채도가 지정된 조정 도구]를 클릭하고, 하늘의 파란 부분을 클릭한 채 좌우로 드래그합니다. 그러면 파란 부분의 채도가 변합니다. 이때 [채도] 탭의 옵션 수치도 변하므로, [파랑 계열]이 [+60] 정도가 되도록 보정합니다 **2**. [광도] 탭을 클릭한 후 같은 방법으로 [파랑 계열]을 [-15] 정도로 설정해 채도를 살짝 높입니다 **3**.

02 들판의 색조를 보정한다

들판의 색조를 보정하기 위해 우선 [채도] 탭에서 앞과 같은 방법으로 들판 부분을 좌우로 드래그하여 [노랑 계열]과 [녹색 계열]을 높입니다 **4**. [광도] 탭에서도 같은 방법으로 [노랑 계열]과 [녹색 계열]을 약간 높입니다 **5**. 파릇파릇한 인상으로 보정하기 위해 [색조] 탭에서 들판 부분을 드래그하여 [녹색 계열: +11] 정도로 설정합니다 **6**.

03 전체의 톤을 보정한다

전체의 톤을 가볍게 바꾸기 위해 [기본] 패널을 열고, 그림을 참고하여 각 옵션 수치를 조절합니다 **7**. 전체를 밝게 보정할 때 밝은 영역이 날아가서 하얗게 되는 것을 피하기 위해 [밝은 영역]만 약간 낮게 설정하며 [확인]을 클릭하여 적용합니다.

노출	+0.15
대비	0
밝은 영역	-40
어두운 영역	+20
흰색 계열	
검정 계열	+20
텍스처	0
명료도	0
안개 현상 제거	0
활기	+5
채도	0

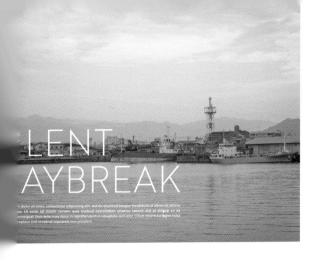

LENT
AYBREAK

073
새벽녘의 어스름하고
정적인 느낌 연출하기

전체의 색감과 밝기를 보정하여 낮에 촬영한 풍경 사진을 새벽녘 처럼 어스름한 인상으로 바꿉니다.

Ps 예제 파일 | 073_base.psd

01 온도 조절로 푸른 기를 강하게 한다

예제 파일을 열고 **1**. [배경] 레이어를 고급 개체 로 변환합니다 **2**. 메뉴바에서 [필터] → [Camera Raw 필터]를 선택한 후 [기본] 패널 에서 [온도]와 [색조]의 수치를 조금 낮추면 전체 의 푸른 기가 강해집니다 **3**. 이번 실습은 직사광 선이 없는 사진을 사용하는 것이 포인트입니다.

02 노출과 활기를 낮춰서 밝기를 보정한다

계속해서 [노출: −2]로 설정하여 전체를 어둡게 하고, [대비: −30], [어두운 영역: +30]으로 설 정하여 디테일을 단조롭게, [활기: −30]으로 설 정하여 부자연스러운 화려함을 완화합니다 **4**.

03 사진 주변을 약간 어둡게 한다

[효과] 패널을 열고, [비네팅: −20]으로 설정하 여 사진의 주변을 어둡게 표현하면 아침 분위기 가 강해집니다. [확인]을 클릭하여 보정 내용을 적용합니다 **5**.

04 레이어를 복제하여 전체 톤을 보정한다

원본 레이어를 복제하고, 혼합 모드를 [스크린] 으로 변경합니다 **6**. 전체의 톤이 적당한 수준으 로 밝아지면서 자연스러운 인상으로 바뀝니다 **7**. [불투명도]를 이용하여 적당하게 강도를 보 정합니다.

074
HDR 느낌으로 보정하기

Camera Raw 필터로 이미지의 명료도를 보정하면 HDR 느낌의 사진으로 바꿀 수 있습니다. 야경 사진은 어두운 영역
과 밝은 영역의 차이가 크기 때문에 어두운 부분은 희미하고 밝은 부분은 날아갈 때가 많습니다. 이런 디테일한 부분이 전
부 표현되도록 합성하는 것이 HDR(High Dynamic Range) 이미지입니다. 통상적인 사진 보정에도 사용하지만, 연출
방법 중 하나로 이용하기도 합니다. Camera Raw 필터를 사용하여 HDR 느낌의 이미지로 바꿔 보겠습니다.

Ps 예제 파일 | 074_base.psd

01 Camera Raw 필터 명료도를 보정한다

예제 파일을 열고 **1**. 메뉴바에서 [필터] →
[Camera Raw 필터]를 선택한 후 [기본] 패널
에서 [명료도]를 최대 수치인 [+100]까지 높입
니다 **2**. 이것만으로도 HDR 느낌의 이미지가
됩니다 **3**.

02 전체적인 밸런스를 맞춘다

계속해서 [기본] 패널의 옵션을 조절하여 전체적
인 밸런스를 잡습니다. [활기] 값을 줄여 전체의
채도를 조금 낮춥니다 **4** **5**.

03 노이즈를 추가한다

[효과] 패널을 열고 [그레인]을 펼친 후 [그레인:
30], [크기: 25], [거칠음: 60]으로 설정하고 [확
인]을 클릭하여 적용합니다 **6**. 노이즈를 추가함
으로써 전체적으로 까슬까슬한 느낌이 돌아 야
경의 분위기가 더해졌습니다 **7**.

고층 건물 이미지에 대형 문자 합성하기

소실점 필터를 사용하여 기울기를 맞추고, 레이어 마스크로 고층 건물 사이에
거대한 문자를 끼워 넣어 개성적인 이미지를 완성해 보겠습니다.

Ps 예제 파일 | 075_base.psd

075

01 새 문서에 문자를 만든다

[폭: 2000픽셀], [높이: 1333픽셀], [해상도:
72픽셀/인치], [색상 모드: RGB 색상], [배경
내용: 투명]으로 새 문서를 만들고, [수평 문자
도구]에서 적당한 글꼴과 크기를 지정하고 색상
은 흰색으로 해서 [HELLO]를 입력합니다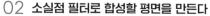
2. 그런 다음 전체를 선택하고 메뉴바에서 **[편
집] → [병합하여 복사]**를 실행하여 복사합니다.

02 소실점 필터로 합성할 평면을 만든다

예제 파일을 열고 **3**, 새 레이어를 추가한 후 이
름을 **[텍스트]**로 변경합니다 **4**. 메뉴바에서 **[필
터] → [소실점]**을 선택하여 [소실점] 창이 열리
면 화면에서 네 점을 클릭하여 적당한 크기의
메시를 만듭니다 **5**. 각 모서리에 있는 조절점을 드
래그하여 메시와 사진 속 건물의 기울기를 맞춥
니다 **6**. 일단 어딘가 하나의 건물과 각도를 맞
춘 후 기울기를 유지하면서 메시를 화면 가득
넓힙니다 **6**.

03 문자를 붙여넣고 위치와 크기를 정한다

[Ctrl]+[V]를 눌러 복사해 둔 문자를 붙여넣습니다 . 붙여넣은 문자를 드래그하여 메시 안쪽으로 배치하면 기울기가 메시와 동일한 형태로 바뀝니다. 추가로 왼쪽 도구바에서 **[변형 도구]**를 선택하고, 그림을 참고하여 문자의 크기와 회전 정도를 조절한 후  **[확인]**을 클릭합니다. **[텍스트]** 레이어에 변형된 문구가 이미지로 추가됩니다.

04 텍스트 레이어에 마스크를 만든다

[레이어] 패널에서 **[텍스트]** 레이어의 **[불투명도]**를 **[50%]** 정도로 바꾸고 , **[레이어 마스크 추가]**를 실행합니다. 이어서 **[다각형 올가미 도구]**를 사용하여 건물에 가려져야 할 부분을 선택 영역으로 지정하고 , 선택 영역을 검은색으로 채웁니다. 이렇게 선택 영역에 마스크를 씌워서 가리면 문자의 일부가 건물에 가려진 것처럼 합성됩니다 . 나머지 부분도 같은 방법으로 마스크 처리하고, 마스크 작업이 끝나면 **[불투명도: 100%]**로 되돌립니다 .

05 문자에 건물 그림자를 추가한다

[텍스트] 레이어 새 레이어를 추가하고 이름을 **[그림자]**로 변경한 후 메뉴바에서 **[레이어]** → **[클리핑 마스크 만들기]**를 실행합니다 . **[브러시 도구]**를 선택한 후 **[부드러운 원]**, **[크기: 200 픽셀]** 정도로 설정하고 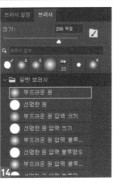, 전경색을 검은색으로 설정한 후 건물과 문자가 겹치는 부분에서 드래그하여 그림자를 표현합니다. **[그림자]** 레이어의 **[불투명도]**를 **[40%]** 정도로 조정합니다  .

076
안개가 자욱하고 신비로운 숲으로 바꾸기

구름 효과 필터로 만든 안개 이미지를 합성하고, 전체의 톤을
Camera Raw 필터로 보정합니다.

Ps 예제 파일 | 076_base.psd

MYSTIC FOREST
EPISODE 2

Lorem ipsum dolor sit amet, consectetur adipisicing elit, sed do eiusmod tempor incididunt ut labore et dolore magna aliqua. Ut enim ad minim veniam, quis nostrud exercitation ullamco laboris nisi ut aliquip ex ea commodo consequat. Duis aute irure dolor in reprehenderit in voluptate velit esse cillum dolore eu fugiat nulla pariatur.

01 구름 효과 필터로 안개 형태를 만든다

예제 파일을 엽니다 **1**. 새 레이어를 추가한 후
전경색과 배경색을 각각 검은색과 흰색으로 설
정한 채 메뉴바에서 [필터] → [렌더] → [구름 효
과 1]을 실행합니다. 메뉴바에서 [편집] → [변
형] → [비율]을 선택한 후 옵션바에서 [W:
500%], [H: 100%]로 적용하면 가로로 넓게 퍼
진 구름 모양처럼 표현됩니다 **2**.

02 안개를 완성한 후 사진과 합성한다

이번에는 메뉴바에서 [필터] → [렌더] → [구름
효과 2]를 실행합니다 **3**. 이어서 [편집] → [구
름 효과 2 희미하게 하기]를 선택한 후 [모드: 소
프트 라이트]로 적용합니다 **4**. 이것으로 안개
이미지가 완성되었습니다 **5**. [레이어] 패널에서
혼합 모드를 [스크린], [불투명도: 45%]로 변경
하면 숲 사진에 겹쳐집니다 **6** **7**.

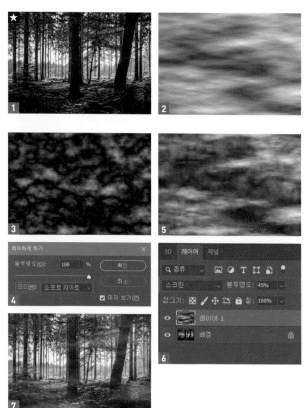

03 전체를 회색 톤으로 바꾼다

[레이어] 패널에서 배경과 안개 효과 레이어를
선택하고 메뉴바에서 [레이어] → [고급 개체] →
[고급 개체로 변환]을 실행합니다. 계속해서 메뉴
바에서 [이미지] → [조정] → [흑백]을 선택한 후
기본 설정으로 적용하여 이미지를 흑백으로 바
꿉니다. [레이어] 패널을 보면 레이어 아래로 [고
급 필터]와 [흑백]이 추가되었습니다. [흑백] 오른
쪽 끝에 있는 아이콘을 더블클릭한 후  [불투
명도: 60%]로 변경하고 [확인]을 클릭하면
전체가 회색에 가까운 톤이 됩니다 .

04 숲의 톤을 파랗게 바꾼다

메뉴바에서 [필터] → [Camera Raw 필터]를
선택한 후 [기본] 패널에서 [온도]와 [색조] 슬라
이더를 왼쪽으로 드래그하여 전체의 푸른 기를
강하게 합니다. 이어서 [노출], [밝은 영역], [어두
운 영역], [흰색 계열]도 조정합니다  . 이때
[밝은 영역]과 [흰색 계열]을 최소까지 낮춰서,
밝은 영역의 범위를 어둡게 합니다.

05 디테일을 뭉개서 흐릿하게 바꾼다

계속해서 디테일을 어느 정도로 살릴지 조절하
는 [명료도]를 [-50] 정도로 조절하여 디테일을
약하게 처리했습니다. [명료도]를 높이면 디테일
이 강조되며, 낮추면 느슨한 느낌으로 표현됩니
다  .

06 전체 색감을 보정하여 분위기를 높인다

메뉴바에서 [이미지] → [조정] → [색상 검색]을
선택한 후 [3DLUT 파일: LateSunset.3DL]
로 적용하면  전체적으로 보라색이 감돌게 보
정됩니다 . [레이어] 패널에서 [고급 필터] 아
래의 [색상 검색] 오른쪽 끝에 있는 아이콘을 더
블클릭하고 [불투명도: 50%]로 적용합니다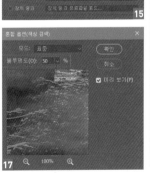
.

077
미니어처 느낌으로 보정하기

기울기-이동 필터로 풍경 바로 앞과 뒤쪽을 흐리게 하고 피사계 심도를 낮춰서 미니어처 사진처럼 표현합니다.

Ps 예제 파일 | 077_base.psd

01 고급 개체로 변환한다

예제 파일을 열고 **1**, 고급 개체로 변환합니다 **2**. 이번 실습에서는 가능하면 건물이 수직으로 반듯하게 찍힌 사진을 준비하는 것이 좋습니다. 광각 렌즈 등을 사용해 기울기가 왜곡된 사진은 적합하지 않습니다.

02 풍경 앞뒤를 흐리게 한다

메뉴바에서 [필터] → [흐림 효과 갤러리] → [기울기-이동]을 실행합니다. [흐림 효과 도구] 패널이 표시되어 효과의 강도를 조절할 수 있습니다. 여기서는 [흐림 효과: 15픽셀]로 설정합니다 **3**. 이어서 그림을 참고하면서 화면에 표시된 실선과 점선을 드래그하여 흐림 효과의 범위를 변경합니다 **4**. 실선과 점선 사이에서 서서히 흐림의 강도가 변합니다. 설정이 끝나면 [Enter]를 눌러 적용합니다.

03 밝고 가벼운 톤으로 보정한다

메뉴바에서 [레이어] → [새 조정 레이어] → [곡선]을 실행한 후 [속성] 패널에서 그림처럼 포인트를 추가하면서 보정하면 **5** 전체가 밝아지고 가벼운 색감이 됩니다 **6**. 이어서 메뉴바에서 [레이어] → [새 조정 레이어] → [색조/채도]를 실행한 후 **7** [속성] 패널에서 [채도: +30], [명도: +10]으로 설정하면 **8** 채도가 높아져서 경쾌한 인상이 되고, 미니어처 느낌이 더 강해집니다 **9**.

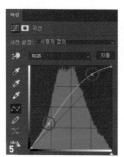

078
나무 위치 옮기고 복제하기

포토샵의 다양한 자동화 도구들을 활용하면 간단하게 풍경 사진의 나무 위치를 옮기거나 복제할 수 있습니다.

Ps 예제 파일 | 078_base.jpg

01 나무를 선택하여 이동한다

예제 파일을 열고 **1**. [내용 인식 이동 도구]를 선택한 후 옮길 나무 주변을 드래그하여 대략적으로 선택합니다 **2**. 선택 영역을 원하는 위치로 드래그한 후 [Enter]를 누르면 대체로 자연스럽게 나무가 옮겨집니다 **3**.

02 복제 도장 도구로 나무를 복제한다

새 레이어를 추가한 후 이번에는 [복제 도장 도구]를 선택하고 그림처럼 옵션바를 설정합니다 **4**. 화면에서 [Alt]를 누른 채 오른쪽 끝에 있는 나무의 가장 상단을 클릭해서 복제 시작점을 지정하고 **5**. 왼쪽 하늘 부분에서 드래그하여 복제합니다 **6**.

03 복제한 부분의 배경을 삭제한다

[자동 선택 도구]를 선택하고 [허용치: 30]으로 설정한 후 **7** 복제된 왼쪽 나무의 배경 부분을 클릭하여 선택하고 [Delete]를 눌러 삭제합니다 **8** **9**. 같은 요령으로 새 레이어를 만들고 벤치도 복제합니다 **10**.

079
겨울 풍경에 눈 표현하기

눈을 그리기 위한 전용 브러시를 만들고, 화면 안쪽에서 앞쪽 순으로 브러시의 크기를 바꿔서 눈을 표현합니다.

Ps 예제 파일 | 079_base.jpg

01 브러시를 설정한다

예제 파일을 엽니다 **1**. [브러시 도구]를 선택하고 [브러시 설정] 패널을 열어 [부드러운 원 30]을 선택한 후 [간격: 300%]로 설정합니다 **2**. 왼쪽에서 [모양]을 선택한 후 [크기 지터: 100%]로 설정하고 **3**, [분산]을 선택한 후 [분산: 750%]로 설정합니다 **4**.

02 브러시 도구로 눈을 그린다

새 레이어를 만든 후 앞서 설정한 브러시를 선택하고 전경색을 흰색으로 변경한 후 화면 위에서 아래로 드래그하면서 눈을 그립니다. [레이어] 패널에서 [불투명도: 35%]로 설정하면 배경과 어우러집니다 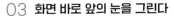. 새 레이어를 추가한 후 브러시 크기를 [100픽셀]로 변경하여 이번에는 좀 더 가까운 거리의 눈을 그립니다. 메뉴바에서 [필터] → [흐림 효과] → [가우시안 흐림 효과]를 선택한 후 [반경: 15픽셀]로 적용하여 부드러운 느낌의 눈으로 표현합니다 . 이어서 [레이어] 패널에서 [불투명도: 70%]로 설정합니다 .

03 화면 바로 앞의 눈을 그린다

새 레이어를 추가한 후 [크기: 400픽셀]로 변경하고 점을 찍듯 클릭하여 가장 가까운 거리의 눈을 그립니다. 끝으로 [가우시안 흐림 효과]를 [반경: 15픽셀]로 적용합니다 .

ONE POINT

눈을 표현하는 방법은 다양한 겨울 풍경 사진에서 활용할 수 있습니다. 사진에 따라 브러시의 크기만 변경해서 사용하면 됩니다.

피사체를 흐리게 처리하여
거리감 연출하기

080

화면 앞쪽과 안쪽에 각각 소재를 배치한 후 명도를 조절하고,
흐림 효과를 적용함으로써 깊이감을 표현할 수 있습니다.

Ps 예제 파일 | 080_base.jpg, 080_소재.psd

01 배경에 소재를 배치한다

배경으로 사용할 **[080_base.jpg]** 파일을 엽니
다 **1**. 이어서 포크, 나이프, 사과 등의 이미지가
각각의 레이어로 분리되어 있는 **[080_소
재.psd]** 파일을 엽니다 **2**. 각 레이어 이미지를
복사한 후 **[080_base.jpg]** 파일에 붙여넣고
그림처럼 배치합니다 **3**.

02 배치 장소에 맞춰서 명도를 바꾼다

이제 배치한 위치에 따라 이미지의 명도를 조절합니다. 우선 가장 안쪽에 배치한 풋사과 레이어를 선택하고, 메뉴바에서 [이미지] → [조정] → [레벨]을 선택한 후 그림처럼 적용합니다 **4**. 이어서 [필터] → [흐림 효과] → [가우시안 흐림 효과]를 선택한 후 [반경: 6.2픽셀]로 적용합니다 **5** **6**. 이번에는 가장 앞쪽에 배치한 홍사과 레이어를 선택한 후 그림처럼 [레벨]을 적용하고 **7**. [가우시안 흐림 효과]를 [반경: 15픽셀]로 적용합니다 **8** **9**.

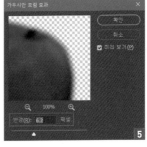

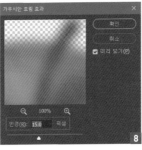

03 나이프와 포크를 흐리게 처리한다

계속해서 나이프 레이어를 선택하고 [가우시안 흐림 효과]를 [반경: 8.4픽셀]로 적용하고 **10**, 포크 레이어를 선택하고 [가우시안 흐림 효과]를 [반경: 15픽셀]로 적용합니다 **11**. 이처럼 배치한 위치에 따라서 명도와 흐림 정도를 조절함으로써 거리감을 연출하였습니다 **12**.

물웅덩이에 비친 모습 표현하기

081

건물 이미지를 물웅덩이에 마스크 처리하여 비친 모습을 표현합니다.

Ps 예제 파일 | 081_base.jpg, 081_소재.jpg

01 물웅덩이 부분을 복사한다

물웅덩이 사진인 **[081_base.jpg]** 파일을 엽니다 **1**. **[올가미 도구]** 등을 이용해 물웅덩이를 따라 선택 영역으로 지정하고 **2**, 화면에서 마우스 우클릭하여 **[복사한 레이어]**를 선택합니다 **3**. 선택 영역이 새 레이어로 추가되면 이름을 **[물웅덩이]**로 변경합니다.

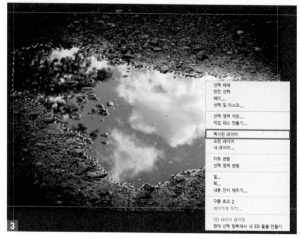

02 레벨과 흐림 효과로 흐릿하게 바꾼다

메뉴바에서 [이미지] → [조정] → [레벨]을 선택
한 후 그림처럼 적용합니다 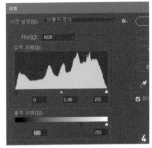. 이어서 메뉴바에
서 [필터] → [흐림 효과] → [가우시안 흐림 효
과]를 선택한 후 [반경: 5픽셀]로 적용하면  이
미지가 흐려집니다 .

03 물웅덩이에 풍경을 합성한다

현재 작업 중인 파일로 건물 사진인 [081_소
재.jpg] 파일을 불러 옵니다 . 물웅덩이에 비
친 모습을 표현할 것이므로 메뉴바에서 [편집]
→ [변형] → [세로로 뒤집기]를 실행합니다 .
[레이어] 패널에서 건물 레이어를 마우스 우클릭
하여 [클리핑 마스크 만들기]를 실행합니다 .
마지막으로 레이어의 [불투명도]를 [90%], 혼합
모드를 [곱하기]로 설정합니다 .

082
밤하늘에
별 추가하기

망사 효과 필터를 사용해
밤하늘의 별을 연출합니다.
Ps 예제 파일 | 082_base.jpg

RETICULATION EFFECT

01 검은색으로 칠한 레이어를 만든다

예제 파일을 열고 **1**. 전경색은 검은색(#000
000), 배경색은 흰색(#ffffff)으로 설정합니다 **2**.
새 레이어를 만든 후 레이어를 전경색(검은색)으
로 채웁니다 **3**.

02 망사 효과 필터를 적용한다

메뉴바에서 [필터] → [필터 갤러리] → [스케치
효과] → [망사 효과]를 선택한 후 [조밀도: 5]로
적용합니다 . 이어서 메뉴바에서 [이미지] →
[조정] → [레벨]을 선택한 후 그림처럼 적용하여
대비를 높이고 5, _Ctrl_ +_I_ 를 눌러 색상을 반
전하고 [레이어] 패널에서 혼합 모드를 [스크린]
으로 변경합니다 6.

03 인물과 나무를 마스크 처리한다

[자동 선택 도구]를 선택하여 인물의 실루엣과
양쪽의 나무(화면 안쪽의 나무는 제외)를 선택
영역으로 지정하고, 메뉴바에서 [선택] → [반전]
을 실행합니다 7. 선택 영역이 반전되면 망사
효과가 적용된 레이어에서 [레이어 마스크 추가]
를 실행합니다 8.

04 별의 크기에 강약을 준다

망사 효과 레이어를 복제한 후 [레이어] 패널에
서 레이어와 레이어 마스크 사이의 연결 아이콘
을 클릭하여 해제합니다 9. 메뉴바에서 [편집]
→ [자유 변형]을 실행한 후 중심에서 [250%]
정도로 확대합니다10. 확대 후 이미지가 흐려지
면 메뉴바에서 [필터] → [선명 효과] → [언샵 마
스크]를 선택하여 [양: 120%], [반경: 1.5픽셀]
로 적용합니다11. 이로써 강약이 있는 밤하늘이
완성됩니다12.

That gives me Great Pleasure

083
두 사진을 겹친
다중 노출 재현하기

혼합 모드를 활용하여 다중 노출을 재현합니다. 나아가 전체의 색감도 보정하여 분위기 있는 사진으로 완성합니다.

Ps 예제 파일 | 083_base.psd, 083_city.psd

01 두 장의 사진을 소프트 라이트로 합성한다

메인으로 사용할 [083_base.psd] 예제 파일을 열고 **1**, 메뉴바에서 [파일] → [포함 가져오기]를 선택하여 [083_city.psd] 예제 파일을 불러옵니다 **2**. 불러온 도시 이미지 레이어 이름을 [거리1]로 변경하고, 혼합 모드를 [소프트 라이트]로 변경하면 **3** 두 사진이 겹쳐집니다. 하지만 새의 안쪽이 어둡게 뭉개진 상태입니다 **4**.

02 레이어를 두 혼합 모드로 합성한다

[거리1] 레이어를 복제한 후 이름을 [거리2]로 변경하고, 혼합 모드를 [스크린]으로 변경하면 전체가 밝아지고, 새 이미지 안쪽으로 도시의 경치가 확실히 보입니다. [거리2]의 불투명도를 [85%] **5**, [거리1]을 [70%]로 설정합니다 **6** **7**.

03 전체의 색감을 보정한다

[거리2] 레이어를 선택하고, 메뉴바에서 [레이어] → [새 조정 레이어] → [색상 검색]을 실행합니다 **8**. [속성] 패널에서 [3DLUT 파일: Fuji F125 Kodak 2393 (by Adobe).cube]로 설정합니다 **9** **10**.

4 타이포그래피와
문자 로고 디자인

문자나 로고를 사용할 때의 합성 테크닉을 모았습니다.

멋진 타이포그래피부터 아날로그 표현까지 다양한 테크닉이 가득합니다.

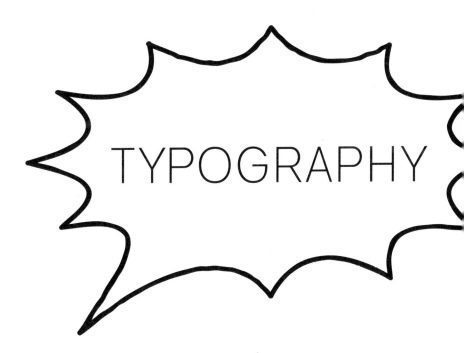

연기로 문자 쓰기

브러시 도구로 자유로운 형태의 문자를 그린 후 연기처럼 보정합니다.

Ps 예제 파일 | 084_base.jpg

084

01 입력한 문자를 가이드로 삼아 작업한다

예제 파일을 엽니다 . [수평 문자 도구]를 이용하여 원하는 글꼴과 크기로 [Smoke]를 입력한 후 [불투명도: 10%]로 설정합니다 . 문자 레이어 위에 새 레이어를 추가하고, 이름을 [연기]로 변경합니다. [브러시 도구]를 선택한 후 [부드러운 원], [크기: 20픽셀]로 설정하고, 흰색(#ffffff)으로 앞서 입력한 문자를 가이드로 삼아 자유롭게 문자를 그립니다 .

02 크기를 바꿔서 선을 그린다

[Smoke] 문자 레이어를 숨기거나 삭제합니다. [브러시 도구]에서 [크기: 50픽셀]로 변경하고 앞에서 그린 문자를 새로 그리고, 양쪽으로 뻗는 장식도 그려 봅니다 . 이어서 [크기: 10픽셀]로 변경하여 문자에 얽혀 있는 듯한 실선을 자유롭게 표현합니다 .

03 흐림 효과 필터로 연기처럼 보정한다

[연기] 레이어가 선택된 상태로 메뉴바에서 [필터] → [흐림 효과] → [가우시안 흐림 효과]를 선택하고 [반경: 8픽셀]로 적용합니다  . 이어서 메뉴바에서 [필터] → [기타] → [최대값]을 선택하고 [반경: 10픽셀]로 적용합니다  . 마지막으로 레이어의 [불투명도]를 [50%]로 변경합니다  .

서치라이트로 밝힌 것 같은
문자 만들기

085

레벨과 렌즈 필터로 사진을 어둡게 보정하여 서치라이트 같은 빛으로 벽에 그려진 문자를 밝힙니다.

Ps 예제 파일 | 085_base.jpg, 085_logo.psd

01 이미지 전체를 어둡게 만든다

[085_base.jpg] 파일을 열고 1, 메뉴바에서
[이미지] → [조정] → [레벨]을 선택한 후 그림처
럼 적용합니다 2. [출력 레벨]을 보정함으로써
전체가 균일하게 어두워졌습니다 3.

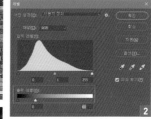

02 렌즈 필터로 밤의 색감을 재현한다

메뉴바에서 [이미지] → [조정] → [포토 필터]를
선택한 후 [필터: Cooling Filter(80)], [밀도:
50%]로 적용합니다 4. 푸른 기가 추가되어 밤
처럼 표현됩니다 5.

03 로고를 배치하여 흐리게 만든다

메뉴바에서 [파일] → [포함 가져오기]를 선택하
여 [085_logo.psd] 파일을 불러오고 레이어
이름을 [로고]로 변경합니다 6. 메뉴바에서 [필
터] → [흐림 효과] → [가우시안 흐림 효과]를 선
택한 후 [반경: 2픽셀]로 적용하면 7 로고 이미
지가 빛의 윤곽처럼 부옇게 표현됩니다 8.

04 혼합 모드를 변경하여 어우러지게 한다

로고 레이어의 혼합 모드를 [오버레이]로 변경합
니다 9. 빛이 다소 약하므로, [로고] 레이어를
복제하면 좀 더 밝아집니다 10 11.

동물 무늬를 따라 문자 입력하기

086

문자를 입력한 후 모양으로 변환하고, 패스 선택 도구로 나열한 후
필터와 레이어 스타일을 적용하여 어우러지게 합니다.

Ps **예제 파일** | 086_base.psd

01 브러시로 검은 부분을 칠한다

예제 파일을 열고 새 레이어를 추가한 후 이름
을 **[칠]**로 변경합니다 **1**. **[브러시 도구]**를 선택
하고 **[부드러운 원]**, **[불투명도: 100%]**로 설정한
후 크기는 이후 칠할 위치에 맞게 변경합니다
2. **[브러시 도구]**가 선택된 상태에서 _Alt_ 를 눌
러 일시적으로 **[스포이드 도구]**로 전환되면 흰색
몸통 부분을 클릭해서 색을 추출합니다. 이어서
추출한 부분의 바로 옆에 있는 검은 무늬를 덧
칠해서 제거합니다. 이렇게 흰색을 추출해서 바
로 옆의 검은 무늬를 지우는 과정을 반복하면서
문자가 배치될 영역을 만듭니다 **3** **4**.

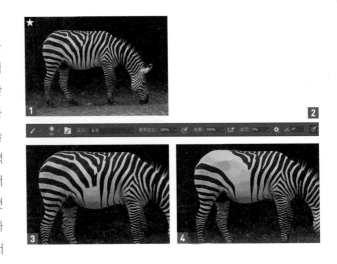

02 덧칠하여 어우러지게 한다

[칠] 레이어의 [불투명도]는 [25%] 전후로 설정
하고 앞과 같은 방법으로 흰색 몸통 색을 추출
하면서 여러 번 덧칠하여 자연스럽게 표현합니
다 5 6.

03 동물의 몸에 문자를 배치한다

[수평 문자 도구]를 선택한 후 [문자] 패널에서
[18~19pt] 정도의 크기에 적당한 글꼴을 지정
하고, [색상: #041c1f]로 설정합니다. 나머지
옵션은 그림을 참고하여 설정한 후 7
[ZEBRA]를 입력합니다 8. [레이어] 패널에서
[ZEBRA] 문자 레이어를 마우스 우클릭하여
[모양으로 변환]을 실행한 후 [패스 선택 도구]를
이용하여 문자를 하나씩 선택하여 배치합니다
9. [ZEBRA] 레이어 아래에 새 레이어를 추가
한 후 흰색(#ffffff)으로 채우고, 흰색 레이어와
[ZEBRA] 레이어를 병합합니다. 병합한 레이어
의 혼합 모드를 [곱하기]로 변경합니다 10.

04 문자 윤곽을 일그러트려 질감을 더한다

메뉴바에서 [필터] → [필터 갤러리] → [브러시
획] → [뿌리기]를 선택한 후 [스프레이 반경: 3],
[매끄러움: 5]로 적용합니다 11. [칠] 레이어를
선택하고 메뉴바에서 [필터] → [노이즈] → [노
이즈 추가]를 선택한 후 [양: 3.8%], [분포: 균일]
로 적용하여 원본 사진과 비슷한 수준의 노이즈
를 표현합니다 12.

05 레이어 스타일을 적용한다

[ZEBRA] 레이어를 마우스 우클릭하여 [혼합
옵션]을 선택하고 [레이어 스타일] 창이 열리면
[밑에 있는 레이어]를 그림처럼 설정합니다 13.
조절점에서 [Alt]를 누른 채 드래그하면 그림처
럼 분리할 수 있습니다.

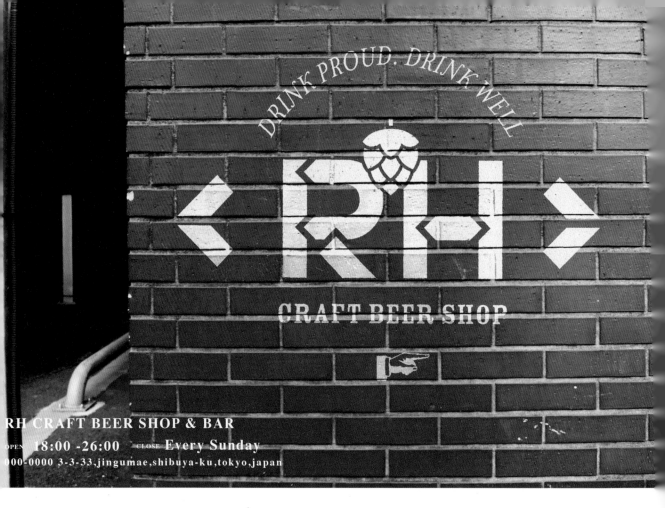

DRINK PROUD. DRINK WELL

CRAFT BEER SHOP

RH CRAFT BEER SHOP & BAR

OPEN 18:00 -26:00　CLOSE Every Sunday

000-0000 3-3-33,jingumae,shibuya-ku,tokyo,japan

벽돌 배경에 로고 합성하기

087

레이어 스타일의 혼합 효과를 조정함으로써 로고와 배경의 굴곡이
자연스레 어우러지게 할 수 있습니다.

Ps 예제 파일 | 087_base.jpg, 087_logo.png

01 레이어 스타일로 배경과 로고를 어우러 지게 한다

배경으로 사용할 [087_base.jpg] 파일을 열고
1, [087_logo.png] 로고 이미지를 불러와 배
치합니다 2. 메뉴바에서 [레이어] → [레이어 스
타일] → [혼합 옵션]을 선택한 후 [혼합 조건]에
서 [밑에 있는 레이어]를 그림처럼 적용합니다
3. 이로써 밑에 있는 벽돌 홈이나 세세한 굴곡
과 로고가 좀 더 자연스럽게 어울립니다 4. 조
절 결과를 실시간으로 확인할 수 있으므로, 최적
의 상태를 찾아보세요.

02 잔물결 필터로 로고를 일그러뜨린다

더욱 자연스럽게 합성하기 위해 메뉴바에서 [필터] → [왜곡] → [잔물결]을 선택한 후 [양: 60%], [크기: 중]으로 적용합니다 . 로고의 윤곽이 랜덤하게 일그러지면서 좀 더 자연스럽게 어울립니다 .

03 노이즈 필터로 로고에 질감을 더한다

이번에는 메뉴바에서 [필터] → [노이즈] → [노이즈 추가]를 선택한 후 [양: 15%], [분포: 가우시안], [단색]에 체크한 후 적용합니다 . 이로써 배경 이미지와 어울리는 질감이 더해집니다 .

04 로고의 흰색을 주황색으로 조정한다

메뉴바에서 [레이어] → [새 조정 레이어] → [곡선]을 실행한 후 [속성] 패널에서 [빨강] 9, [녹색] 10, [RGB] 11 채널을 그림처럼 보정합니다. 로고의 흰색이 배경에 어울리는 주황 계열로 보정됩니다 12.

ONE POINT

로고와 겹치는 부분의 벽돌 표면을 세세하게 가다듬거나 긁힌 부분을 추가하면 더욱 완벽한 느낌의 합성 이미지를 완성할 수 있습니다.

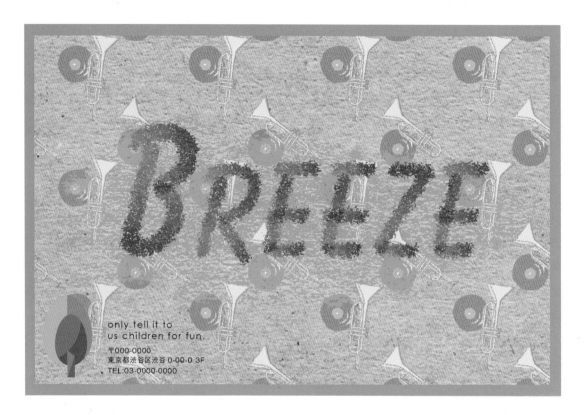

only tell it to
us children for fun.

〒000-0000
東京都渋谷区渋谷 0-00-0 3F
TEL:03-0000-0000

크레파스 느낌의 손그림 로고 만들기 ○88

로고 이미지에 여러 필터 효과를 적용하여 크레파스처럼 거칠지만
온화한 느낌이 감도는 문자를 표현할 수 있습니다.

Ps 예제 파일 | 088_base.jpg

O1 로고에 흰색 노이즈를 더한다

예제 파일을 엽니다. 한 획마다 그레이디언트로 칠
해서 겹쳐진 부분을 표현한 로고입니다**1**. 배경
색을 흰색으로 지정합니다. 메뉴바에서 [필터] →
[필터 갤러리] → [텍스처] → [그레인]을 선택하고
[강도: 30], [대비: 85], [그레인 유형: 흩뿌림]
으로 적용하면 **2** 흰색 노이즈가 더해집니다**3**.

02 윤곽을 무작위로 거칠게 만든다

메뉴바에서 [필터] → [필터 갤러리] → [브러시 획] → [뿌리기]를 선택한 후 [스프레이 반경: 7], [매끄러움: 3]으로 적용하면  윤곽이 무작위로 거칠어집니다 .

03 붓으로 그린 것 같은 흐름을 표현한다

메뉴바에서 [필터] → [필터 갤러리] → [브러시 획] → [스프레이 획]을 선택한 후 [획 길이: 3], [스프레이 반경: 6], [획 방향: 수평]으로 적용하면  붓의 흐름이 표현됩니다 .

04 로고 가장자리를 부드럽게 만든다

메뉴바에서 [필터] → [필터 갤러리] → [브러시 획] → [강조된 가장자리]를 선택한 후 [가장자리 폭: 14], [가장자리 밝기: 32], [매끄러움: 2]로 적용하면  거친 로고에 온화한 느낌이 더해집니다 .

05 배경 이미지와 합성한다

메뉴바에서 [선택] → [색상 범위]를 선택한 후 *Shift* 를 누른 채 흰색 배경 여러 곳을 클릭하여 깔끔한 흰색이 되면 [확인]을 클릭합니다 . 메뉴바에서 [선택] → [반전]을 실행하여 선택 영역을 반전하고 , [레이어] 패널에서 [레이어 마스크 추가]를 실행한 후 임의의 배경 이미지를 로고 레이어 아래에 배치합니다 .

06 로고와 배경을 어우러지게 한다

로고 레이어를 더블클릭한 후 [혼합 조건]의 [밑에 있는 레이어]를 그림처럼 설정하면  아래쪽 배경 이미지가 살짝 보이면서 자연스럽게 어울립니다 14.

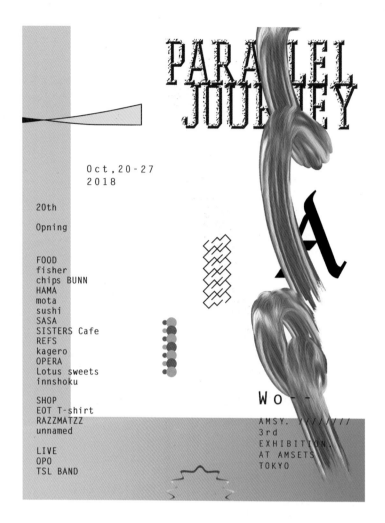

PARALLEL
JOURNEY

Oct,20-27
2018

20th

Opning

FOOD
fisher
chips BUNN
HAMA
mota
sushi
SASA
SISTERS Cafe
REFS
kagero
OPERA
Lotus sweets
innshoku

SHOP
EOT T-shirt
RAZZMATZZ
unnamed

LIVE
OPO
TSL BAND

Wo--

AMSY. ////////
3rd
EXHIBITION.
AT AMSETS
TOKYO

089

유화 도구로
그린 듯한
로고 만들기

혼합 브러시 도구로 그린 선에 유화 필
터를 적용하여 유화 도구와 비슷한 질
감을 만듭니다.

Ps 예제 파일 | 089_base.psd

01 소재를 추출한다

예제 파일을 열면 그레이디언트(원형)로 착색한
원형 오브젝트가 랜덤한 크기와 위치로 배치되
어 있습니다 ❶. [혼합 브러시 도구]를 선택한 후
옵션바에서 [브러시 불러오기], [단색만 불러오
기]의 체크를 해제하고, 그림처럼 설정합니다 ❷.
원형 오브젝트가 모두 포함될 정도의 크기로 조
절한 후 ❸ Alt 를 누른 채 원형 오브젝트를 클
릭하여 추출합니다. 이때 배경은 투명이어야 합
니다. 정상적으로 추출되어 옵션바의 축소판에
원형 오브젝트가 표시되면 해당 레이어의 [눈]
아이콘을 끕니다 ❹.

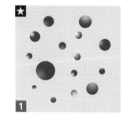

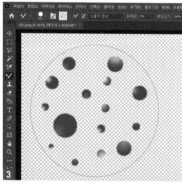

02 패스에 혼합 브러시 도구를 적용한다

새 레이어를 추가한 후 [펜 도구]를 사용해 로고의 형태를 패스로 그립니다 . [혼합 브러시 도구]를 선택한 후 [브러시 크기]를 로고 표현에 적당하게 변경하고, [패스] 패널에서 앞서 그린 패스를 마우스 우클릭한 후 [패스 획]을 선택합니다 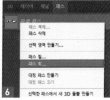. [패스 획] 창에서 [도구: 혼합 브러시 도구]로 적용하면  패스를 따라 브러시가 적용됩니다 .

03 로고를 입체적으로 만든다

로고 레이어를 복제합니다. 메뉴바에서 [필터] → [스타일화] → [유화]를 선택한 후 그림처럼 설정하여 적용하면  로고가 입체적으로 표현됩니다 . 혼합 모드를 [스크린]으로 변경하여 원본 로고에 겹칩니다 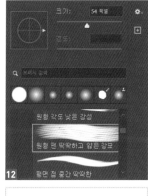.

04 브러시 도구로 가장자리를 다듬는다

끝으로 로고의 가장자리를 자연스럽게 처리하겠습니다. [레이어 마스크 추가]를 실행한 후 [브러시 도구]를 선택합니다. 브러시 종류를 [원형 팬 딱딱하고 얇은 강모] 등으로 선택하고  가장자리를 마스크 처리하여 정돈합니다   .

ONE POINT

더욱 사실적인 질감으로 표현하고 싶다면 [혼합 브러시 도구]의 설정을 세세하게 조절하면서 그리거나, 각 부분을 나눠서 그린 후 겹치는 방법으로 로고를 표현할 수 있습니다.

Puzzle Game for iOS / Android | Download Free

LOREM IPSUM DOLOR SIT AMET, CONSECTETUR ADIPISCING ELIT, SED DO EIUSMOD TEMPOR INCIDIDUNT UT LABORE ET
DOLORE MAGNA ALIQUA. UT ENIM AD MINIM VENIAM, QUIS NOSTRUD EXERCITATION ULLAMCO LABORIS.

090
두께감이 느껴지는 입체 문자 만들기

문자를 일정한 방향으로 여러 번 복제하여 두께감을 연출합니다. 액션으로 같은 동작을 반복하는 것이 포인트입니다.

Ps 예제 파일 | 090_base.psd

01 문자를 입력한다

입력할 문자 크기에 따라 적당한 크기로 새 문서를 만듭니다. [수평 문자 도구]를 선택한 후 [문자] 패널에서 그림을 참고하여 크기, 글꼴, 색상 등을 자유롭게 설정한 후 1 [THREE DIMENSIONS]를 두 줄로 입력하고 가운데로 정렬합니다 2.

02 문자를 복제하고 그룹화한다

문자 레이어를 고급 개체로 변환한 후 복제하고, 레이어 이름을 각각 [바탕 문자], [겹침 문자]로 변경합니다 3. [겹침 문자] 레이어를 선택하고 메뉴바에서 [레이어] → [새로 만들기] → [레이어에서 그룹 만들기]를 선택한 후 [이름: 겹침 세트]로 적용하여 그룹으로 만듭니다 4.

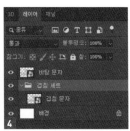

03 레이어 스타일로 테두리를 추가한다

[겹침 세트] 그룹을 선택하고, 메뉴바에서 [레이어] → [레이어 스타일] → [획]을 선택한 후 [크기: 10px], [위치: 바깥쪽], 색상은 [R 95, G 60, B 125]로 설정합니다 5 6. 왼쪽의 효과 목록에서 [색상 오버레이]를 선택하고, 색상을 앞과 같게 설정합니다 7 8.

04 액션의 기록을 시작한다

[겹침 문자] 레이어를 선택합니다 . [액션] 패널을 열고 [새 세트 만들기]를 클릭한 후 [이름: 내 액션 세트]로 적용합니다. 이어서 [새 액션 만들기]를 클릭한 후 [이름: 이동 복제], [설정: 내 액션 세트]로 설정하면 액션 기록이 시작됩니다 .

05 레이어 이동과 복제를 액션에 기록한다

지금부터의 조작은 액션으로 기록되므로 불필요한 조작을 하지 않도록 주의합니다. 우선 메뉴바에서 [레이어] → [새로 만들기] → [복사한 레이어]를 선택하여 레이어를 복제합니다 . [이동 도구]를 선택한 후 키보드에서 →와 ↓를 각 1회씩 누릅니다. [액션] 패널에서 [실행/기록 정지]를 클릭해 액션 기록을 마치고, [내 액션 세트]를 보면 [이동 복제]가 추가된 것을 확인할 수 있습니다 .

06 액션을 반복해 문자에 두께감을 더한다

[겹침 문자] 레이어를 복제한 레이어를 선택하고 [액션] 패널에서 [이동 복제]를 선택한 후 [선택 영역 재생]을 클릭합니다. 앞서 기록했던 과정처럼 레이어가 복제되어 두께감이 더해집니다 . 반복해서 [선택 영역 재생]을 클릭하면서 원하는 두께로 표현합니다 .

07 바탕 문자에 하이라이트를 추가한다

[바탕 문자] 레이어를 선택합니다. 메뉴바에서 [레이어] → [레이어 스타일] → [내부 그림자]를 선택한 후 그림처럼 설정하여 적용합니다 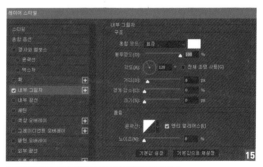. 문자에 하이라이트가 추가됩니다 .

ESTD GHOSTLY 2018
ATMOSPHERE

크랙이 있는 그런지 느낌의 문자 만들기

필터를 사용하여 금이 가고 도어츠가 낀 텍스처를 만들어 문자와 합성합니다.

Ps 예제 파일 | 091_base.psd

091

01 문자를 입력한다

입력할 문자 크기에 따라 적당한 크기. [배경 내용: 흰색]으로 설정하여 새 문서를 만듭니다. [수평 문자 도구]를 선택한 후 [문자] 패널에서 그림을 참고하여 크기, 글꼴 등을 자유롭게 설정하고, 색상은 검은색으로 설정합니다 화면을 클릭해서 [GHOSTLY ATMOSPHERE]를 두 줄로 입력하고 가운데로 정렬합니다 1 2.

02 크랙의 바탕이 될 무늬를 만든다

새 레이어를 추가한 후 이름을 [크랙]으로 변경합니다. 전경색은 흰색, 배경색은 검은색으로 설정한 후 메뉴바에서 [필터] → [렌더] → [구름 효과 1]을 실행합니다 3. 이어서 메뉴바에서 [필터] → [렌더] → [구름 효과 2]를 실행합니다 4. 끝으로 메뉴바에서 [이미지] → [조정] → [레벨]을 선택한 후 [입력 레벨: 3, 1.00, 25] 정도로 적용하면 5 대비가 높아져 크랙 느낌의 이미지로 표현됩니다 6.

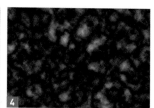

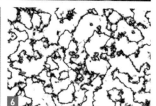

03 크랙 텍스처를 다듬고 문자와 합성한다

메뉴바에서 [필터] → [필터 갤러리] → [스케치 효과] → [도장]을 선택한 후 [명암 균형: 1], [매끄러움: 1]로 설정하고 [확인]을 클릭합니다 7 8 . 혼합 모드를 [스크린]으로 변경하여 문자와 크랙을 겹칩니다 9 . 메뉴바에서 [레이어] → [배경으로 이미지 병합]을 실행하여 하나의 레이어로 병합합니다.

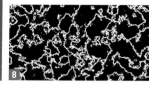

04 크랙의 선을 가늘게 바꾼다

메뉴바에서 [필터] → [기타] → [최소값]을 선택하고 [반경: 2픽셀], [보존: 원형율]로 적용하면 10 크랙의 선이 조금 가늘어져서 좀 더 자연스러워집니다 11 .

05 노이즈 텍스처를 만든다

새 레이어를 추가하고 이름을 [노이즈]로 변경한 후 메뉴바에서 [필터] → [렌더] → [구름 효과 1]을 실행합니다. 이어서 메뉴바에서 [필터] → [필터 갤러리]를 선택하여 [필터 갤러리] 창이 열리면 오른쪽 아래에 있는 [새 효과 레이어] 아이콘을 클릭한 후 위는 [도장] 12 , 아래는 [망사 효과] 13 로 지정하고, 그림처럼 설정하여 적용합니다 14 . 메뉴바에서 [이미지] → [조정] → [반전]을 실행하여 이미지를 반전하고 혼합 모드를 [스크린]으로 변경하여 아래의 이미지와 겹칩니다. 메뉴바에서 [레이어] → [배경으로 이미지 병합]을 실행합니다 15 .

06 불필요한 요소를 투명하게 만든다

메뉴바에서 [레이어] → [새 칠 레이어] → [단색]을 선택하여 [이름: 로고]로 설정한 후 [확인]을 클릭하고, 임의의 색상을 적용합니다 16 . [레이어] 패널에서 [배경] 레이어의 [눈] 아이콘을 끄고, [로고] 레이어의 레이어 마스크를 클릭합니다 17 . 메뉴바에서 [이미지] → [이미지 적용]을 선택한 후 [레이어: 배경], [반전]에 체크, [혼합: 표준]으로 적용하면 불필요한 범위가 투명해집니다 18 .

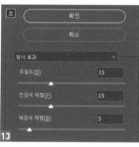

레트로 게임 느낌의 도트 문자 만들기

작은 크기로 만든 도트 문자를 확대하여 사용합니다.
픽셀 보간 방식을 최단입점 방식으로 설정하는 것이 포인트입니다.

Ps 예제 파일 | 092_base.psd

092

01 작업용 문서를 준비한다

배경으로 사용할 예제 파일을 열고 **1**, 이후 세세한 작업을 위해 화면 표시 배율을 [2000%] 이상으로 확대하여 1픽셀이 보이도록 합니다. 이어서 새 레이어를 추가하고 이름을 [도트 문자]로 변경합니다 **2**.

02 도트로 문자를 표현한다

[연필 도구]를 선택하고 [크기: 1픽셀]로 설정합니다 **3** **4**. 전경색을 흰색으로 설정한 후 1픽셀 크기의 무수한 점(도트)으로 [RETRO GAME CRISIS]를 3줄로 그립니다. 알파벳의 세로획은 3픽셀, 가로획은 1픽셀을 기준으로 그려 보세요 **5**. 잘못 그린 점은 [지우개 도구]를 [크기: 1픽셀], [모드: 연필]로 설정하여 지웁니다 **6**. 메뉴바에서 [보기] → [표시] → [픽셀 격자]를 선택하면 600% 이상으로 확대했을 때 픽셀의 경계선이 표시되어 픽셀 수를 확인하기 쉽습니다.

03 확대 시의 보간 방법을 변경한다

[Ctrl]+[0]을 눌러 전체 이미지를 보면 앞서 만든 문자가 점처럼 작은 것을 확인할 수 있습니다 **7**. 이것을 적당한 크기로 확대하기 위해 메뉴바에서 [편집] → [변형] → [비율]을 선택하고, 옵션바에서 [W: 4800%], [H: 4800%], [보간: 최단입점]으로 설정하고 [확인]을 클릭합니다 **8**. 윤곽에 픽셀이 보완되지 않고 처음 그린 형태 그대로 확대됩니다 **9**.

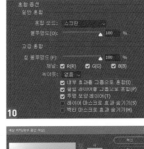

04 문자 바깥쪽에 광채를 추가한다

메뉴바에서 [레이어] → [레이어 스타일] → [혼합 옵션]을 선택한 후 [내부 효과를 그룹으로 혼합]에 체크합니다 **10**. 왼쪽 효과 목록에서 [외부 광선]을 선택한 후 [불투명도: 90%], [기법: 더 부드럽게], [크기: 50픽셀], [앤티 앨리어스]에 체크하고 **11** [색상: R 35, G 195, B 185] **12**로 설정합니다.

05 문자 안쪽에 광채를 추가한다

[레이어 스타일] 창의 효과 목록에서 [내부 광선]을 선택한 후 [색상: R 35, G 195, B 185], [불투명도: 60%], [기법: 더 부드럽게], [크기: 40픽셀]로 설정하고 [앤티 앨리어스]에 체크합니다 **13**. [확인]을 클릭하여 효과를 적용합니다 **14**.

06 가로줄 잔상을 추가한다

전경색을 [R 200, G 200, B 200], 배경색을 흰색으로 변경하고, 메뉴바에서 [필터] → [필터 갤러리] → [스케치 효과] → [하프톤 패턴]을 선택한 후 [크기: 2], [대비: 0], [패턴 유형: 선]으로 적용합니다 **15**. 혼합 모드를 [스크린]으로 변경합니다 **16**.

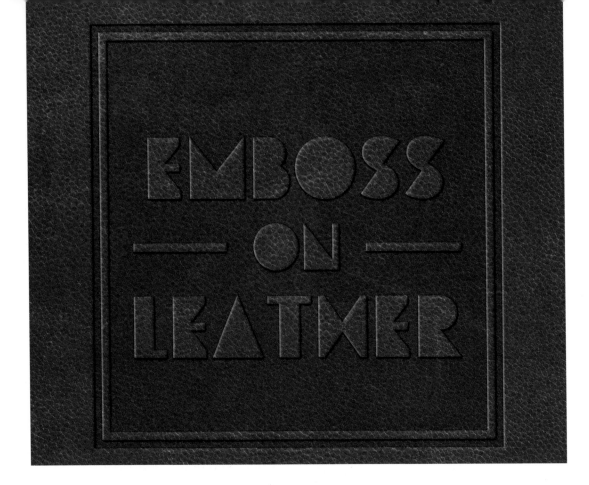

가죽에 프레스를 찍은 것 같은
문자 만들기

093

레이어 스타일을 사용하여 엠보싱 가공을 표현합니다.

Ps 예제 파일 | 093_base.jpg, 093_logo.psd

01 배경에 로고를 배치한다

[093_base.jpg] 파일을 엽니다 **1**. [093_logo.psd] 파일의 로고를 배치한 후 레이어 이름을 [로고]로 변경하고 **2**, [로고] 레이어의 혼합 모드를 [곱하기]로 변경합니다 **3**. 화면을 보면 로고 이미지가 사라진 것처럼 보입니다.

O2 로고에 레이어 스타일을 적용한다

메뉴바에서 [레이어] → [레이어 스타일] → [경사와 엠보스]를 선택한 후 그림처럼 설정합니다 **4 5**. 계속해서 효과 목록 중 [내부 그림자]를 선택하고 그림처럼 설정합니다 **6 7**. 끝으로 효과 목록 중 [드롭 섀도]를 선택하고 그림처럼 설정하면 **8 9**. 사라졌던 로고가 마치 프레스로 찍은 것처럼 나타납니다.

O3 프레스에 찍힌 부분에 색을 입힌다

추가로 색을 입히기 위해 [레이어 스타일] 창의 효과 목록에서 [색상 오버레이]를 선택하고, [혼합 모드: 곱하기], [색상: #84b7d4]로 설정한 후 [확인]을 클릭해서 적용합니다 **10**. 이로써 움푹 팬 부분에 색이 입혀집니다 **11**.

습기 찬 유리창에 문자와 그림 그리기

창문 사진에 풍경 사진을 합성하고 오버레이로 겹칩니다.
문자는 선명한 원 브러시로 그리고, 불투명도로 외관을 조정합니다.

Ps 예제 파일 | 094_glass.jpg, 094_bicycle.jpg

094

01 **바탕이 되는 이미지를 만든다**

[094_glass.jpg] 파일을 열고 **1**, [094_
bicycle.jpg] 파일을 불러와 배치한 후 레이어
이름을 [자전거]로 변경합니다 **2**. 메뉴바에서
[필터] → [흐림 효과] → [가우시안 흐림 효과]를
선택한 후 [반경: 20픽셀]로 적용하고 **3** **4**, 혼
합 모드를 [오버레이]로 변경하여 유리창 이미지
와 겹칩니다 **5** **6**.

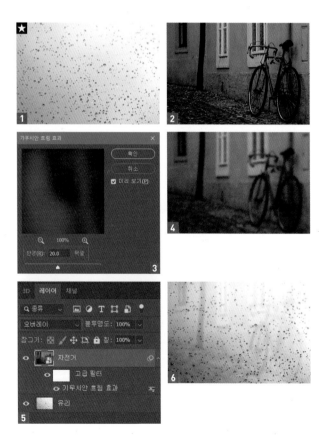

02 레이어를 복제하여 인상을 강하게 한다

유리에 비친 듯한 자전거 이미지가 다소 약하므로, [자전거] 레이어를 복제하고, [불투명도: 50%]로 설정합니다 **7** **8**.

03 자유롭게 문자나 그림을 그린다

새 레이어를 추가합니다. [브러시 도구]를 [선명한 원 압력 불투명도], [크기: 50픽셀]로 설정하고, 전경색을 검은색으로 설정한 후 **9** 자유롭게 드래그하면서 원하는 문구나 그림을 그립니다 **10**. 혼합 모드를 [오버레이]로 변경하여 배경 이미지와 겹칩니다 **11**.

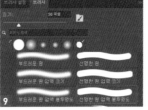

04 레이어를 복제하여 인상을 강하게 한다

브러시로 그린 문자와 그림의 인상이 약하므로, 레이어를 복제하고, [불투명도: 30%]로 설정합니다 **12** **13**.

05 물방울이 흐른 흔적을 그려 넣는다

새 레이어를 추가한 후 [자전거 복사] 레이어 위에 배치합니다. [브러시 도구]를 [선명한 원 압력 불투명도], [크기: 25픽셀]로 설정하고, 전경색을 검은색으로 설정한 후 물방울이 흐른 듯한 느낌으로 드래그합니다. 혼합 모드를 [오버레이]로 변경하여 겹치고 **14** **15**, 물방울의 인상이 약하다고 생각되면 추가로 복제해서 [불투명도]를 조절합니다.

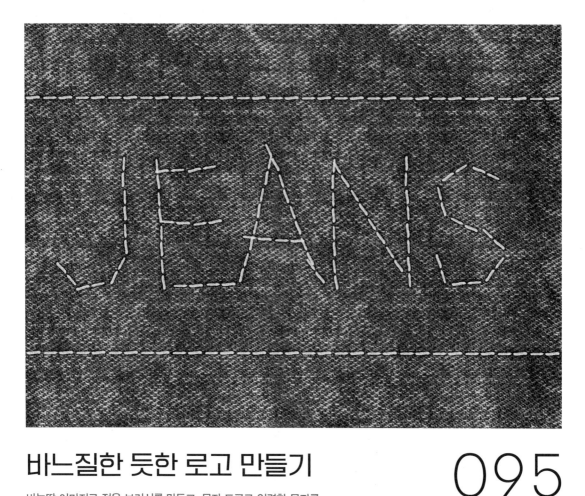

바느질한 듯한 로고 만들기

095

바늘땀 이미지로 전용 브러시를 만들고, 문자 도구로 입력한 문자를
가이드로 삼아 브러시 도구로 덧그립니다.

Ps 예제 파일 | 095_base.jpg, 095_stitch.psd

01 문자를 입력한다

[095_base.jpg] 파일을 엽니다 **1**. [수평 문자
도구]를 선택하고, [문자] 패널에서 그림을 참고
하여 설정한 후 **2** [JEANS]를 입력합니다 **3**.
입력한 문자는 가이드로 사용하는 것이므로 글
꼴이나 색상은 무엇이든 상관없습니다.

02 바늘땀 이미지를 브러시로 만든다

[095_stitch.psd] 파일을 열고 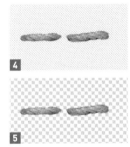, 메뉴바에서 [이미지] → [모드] → [회색 음영]을 실행하여 회색 음영으로 바꿉니다 . 이어서 메뉴바에서 [이미지] → [조정] → [레벨]을 선택한 후 그림처럼 설정합니다  7. 메뉴바에서 [편집] → [브러시 사전 설정 정의]를 선택한 후 [이름: 바늘땀]으로 등록합니다 8.

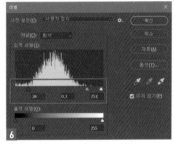

03 브러시의 상세 사항을 설정한다

[095_base.jpg] 파일로 돌아와서 새 레이어를 추가하고 이름을 [바늘땀]으로 변경합니다. [브러시 도구]를 선택한 후 [바늘땀] 브러시를 고릅니다. [브러시 설정] 패널을 열고 [모양]을 선택한 후 [각도 지터]에서 [조절: 방향]으로 설정하고 9. [브러시 모양]을 선택한 후 [간격: 750%]로 설정합니다 10. 이렇게 하고 진행 방향을 향해 덧그리면 바느질의 솔기가 재현됩니다.

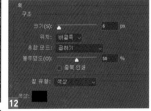

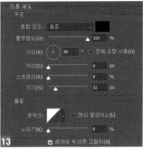

04 브러시 도구로 바늘땀을 그린다

전경색을 노란색(#eee0b5)으로 설정하고, [바늘땀] 브러시로 처음 입력한 [JEANS]의 문자를 따라 덧그립니다. 문자를 다 그린 후 위아래에 선까지 추가해 봅니다 11. [바늘땀] 레이어에서 [레이어 스타일] 창을 열고 [획] 12과 [드롭 섀도] 13 효과를 적용하여 입체감을 추가합니다 14.

나뭇가지를 콜라주한
로고 만들기

096

문자 도구로 입력한 문자를 가이드로 삼아 나뭇가지와 새 이미지를 사용하여 로고를 만듭니다.

Ps **예제 파일** | 096_base.jpg, 096_소재.psd

01 문자를 입력한다

[096_base.jpg] 파일을 엽니다 **1**. [수평 문자 도구]를 선택하고 [문자] 패널에서 그림을 참고하여 설정한 후 **2** [PLANT]를 입력합니다. 가이드 문자이므로 글꼴은 취향에 따라 선택하고, 색상은 무엇이든 상관없습니다. 레이어의 [불투명도]를 [20%]로 변경하여 가이드 준비를 마칩니다 **3**.

02 나뭇가지 이미지를 배치한다

[096_소재.psd] 파일을 열고 **4**, [나뭇가지] 레이어를 복사합니다 **5**. [096_base.jpg] 파일로 돌아와 [나뭇가지] 레이어를 붙여넣고, 그림처럼 'P' 위에 배치합니다 **6**. 레이어를 여러 개 복제하여 그림처럼 나머지 세로 방향 직선으로 표현할 수 있는 부분에 맞춰 변형하여 배치합니다 **7**.

03 짧은 가지를 배치한다

계속해서 [나뭇가지] 레이어를 복제한 후 가로 방향으로 배치합니다 **8**. 나뭇가지의 굵기나 질감을 유지한 채 길이를 조절하기 위해 메뉴바에서 [편집] → [내용 인식 비율]을 실행한 후 'L'에서 가로 획에 맞춰 길이를 조절하여 배치합니다 **9**. 마찬가지로 'A'와 'T'의 짧은 획에도 배치합니다 **10**.

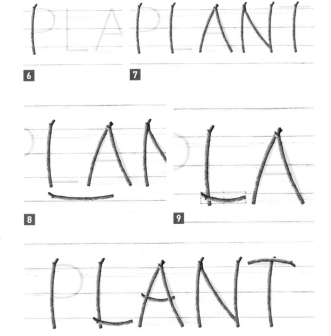

04 곡선 부분을 만든다

[나뭇가지] 레이어를 복제합니다 11. 메뉴바에서
[편집] → [퍼펫 뒤틀기]를 실행한 후 나뭇가지
위, 중앙, 아래를 각각 클릭해서 변형 핀을 추가
합니다 12. 변형 핀을 각각 드래그하여 곡선을
만듭니다 13. [Alt]를 누른 채 변형 핀 주변을 드
래그하면 각도를 조절할 수 있으므로, 각 변형
핀을 적절하게 활용해 그림처럼 'P'를 만듭니다
14 15. 이제 가이드로 사용한 텍스트 레이어는
삭제하거나 [눈] 아이콘을 꺼서 숨깁니다 16.

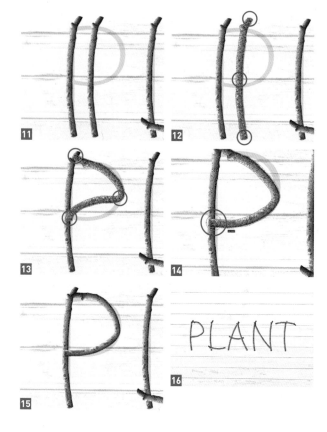

05 덩굴 이미지를 배치한다

[096_소재.psd] 파일에서 [덩굴] 레이어를 복
사해서 붙여넣고, 앞의 방법을 참고하여 자유롭
게 꾸밉니다 17. [나뭇가지] 레이어의 위와 아래
에 각각 [덩굴] 레이어를 배치하면 덩굴이 타고
오르는 것처럼 표현할 수도 있습니다 18.

06 새 이미지를 배치한다

[레이어] 패널 위에서 [나뭇가지]와 [덩굴] 레이
어를 모두 선택한 후 마우스 우클릭하여 [레이어
병합]을 실행합니다. 병합한 레이어에서 [레이어
스타일] 창을 열고 그림처럼 [드롭 섀도] 효과를
적용합니다 19 20. 마지막으로 [새] 레이어를 붙
여넣고 병합한 레이어 아래에 배치한 후 앞과
동일하게 [드롭 섀도] 효과를 적용합니다 21.

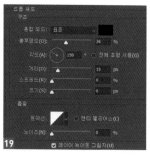

097
3D 도구로
입체 로고 만들기

포토샵의 3D 도구를 사용하여 2D 로고를 입체적으로 가공합니다. 3D 기능은 포토샵 버전과 성능에 따라 제대로 작동하지 않을 수 있습니다.

Ps 예제 파일 | 097_base.psd

01 3D 돌출 기능으로 로고를 입체화한다

예제 파일을 열면 2D 로고 이미지가 있으며 1, 검은 부분(logo_base)과 금색 부분(line)이 별도의 레이어로 구분되어 있습니다 2. [레이어] 패널에서 [logo_base]와 [line] 레이어를 각각 마우스 우클릭하여 [선택한 레이어에서 새 3D 돌출 만들기]를 선택합니다. 이렇게 하면 검은 부분과 금색 부분이 깊이감을 유지한 로고로 변환됩니다 3.

02 로고의 두께를 줄인다

[레이어] 패널과 [3D] 패널에서 순서대로 [logo_base] 레이어를 선택한 후 4 [속성] 패널에서 [모양 사전 설정: 경사], [돌출 심도: 200 픽셀]로 설정하여 두께를 줄입니다 5. 이어서 [속성] 패널에서 [단면] 탭을 클릭한 후 [경사]에서 [폭: 20%]로 설정하면 6 검은 부분이 더 입체적으로 표현됩니다 7.

03 금색 선의 두께를 변경한다

이번에는 [line] 레이어를 선택하고 8, [속성] 패널에서 [돌출 심도: 25픽셀]로 설정하여 검은 로고에 너무 깊게 박혀 있던 부분을 보정합니다 9 10.

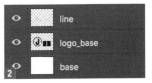

04 로고의 뒷면에 벽면을 배치한다

[레이어] 패널에서 [배경] 레이어를 마우스 우클릭한 후 [엽서]를 선택합니다. 로고의 뒷면에 배치할 벽면이 만들어집니다 . [레이어] 패널에서 3개의 레이어를 모두 선택한 후  메뉴바에서 [3D] → [3D 레이어 병합]을 실행하여 병합하면 X, Y, Z축의 각 원점에 맞춰서 각 개체가 재배치됩니다. 이 상태로는 곤란하므로 의도한 장소에 다시 배치해야 합니다.

05 로고와 선을 이동한다

[3D] 패널에서 [현재 보기]를 선택하고, 옵션바에서 [3D 모드]의 [3D 카메라 궤도 회전] 아이콘을 클릭한 후 화면에서 개체의 바로 옆이 보이는 위치까지 드래그합니다. Z축도 가운데 정렬이 되어 있기 때문에 배경의 뒷면에 로고와 선이 들어가 박혀 있는 것을 알 수 있습니다 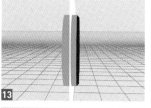. 이것을 수정하기 위해 로고와 라인을 선택하고 벽면의 앞으로 이동합니다 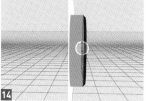. 2D일 때와 마찬가지로 [이동 도구]를 선택하면 옵션바에 정렬 버튼이 표시되므로 그것을 이용하여 다시 정렬하는 것도 좋습니다 .

06 벽면의 색상과 질감을 설정한다

각 개체의 색상과 질감을 설정하기 위해 [3D] 패널에서 [배경 메시]의 [배경]을 선택하고 [속성] 패널에서 재질은 [텍스처 없음]을 선택하며 [기본 색상: R 210, G 189, B 148]로 변경합니다 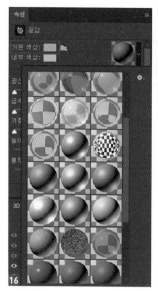. 계속해서 [광선: 0%]로 설정하면  배경의 색이 흰색에서 갈색 계열로 바뀝니다 .

07 검은 로고의 색상과 질감을 설정한다

[3D] 패널에서 검은 로고의 **[logo-base 돌출 재질]**을 선택하고 **[속성]** 패널에서 **[기본 색상: R 254, G 154, B 154]**로 변경합니다 **19**. 이로써 로고의 측면이 분홍색으로 바뀝니다 **20**.

08 금색 부분의 질감을 설정한다

[3D] 패널에서 금색 부분의 **[line 전면 부풀림 재질]**을 선택한 후 **[속성]** 패널에서 재질을 **[놋쇠 (단색)]**으로 선택하고 **21**, **[광선: 15%]**로 변경하여 **22** 밝게 표현합니다. 마찬가지 방법으로 **[line 돌출 재질]**을 선택한 후 재질을 **[놋쇠(단색)]**으로 바꾸면 그림처럼 표현됩니다 **23**.

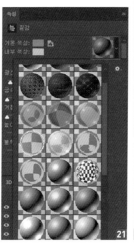

09 로고가 보이는 각도를 바꾼다

[3D] 패널에서 **[현재 보기]**를 선택하고, 옵션바의 **[3D 카메라 궤도 회전]** 도구를 이용해 드래그하여 그림처럼 기울기가 적용된 모습으로 바꿉니다 **24**. 이어서 메뉴바에서 **[3D]** → **[3D 레이어 렌더링]**을 실행하고 **25**, 래스터화 혹은 고급 개체로 변환합니다. 마지막으로 **[레이어]** 패널에서 가장 아래쪽에 새 레이어를 추가한 후 파란색 (R 116, G 102, B 254)으로 채웁니다 **26**.

ONE POINT

포토샵의 3D 도구는 높은 사양의 컴퓨터와 그래픽 카드를 필요로 합니다. 또한 백지 상태에서 3D 개체를 만드는 것은 적합하지 않으므로, 다채로운 질감을 설정하는 용도로 활용하면 좋습니다.

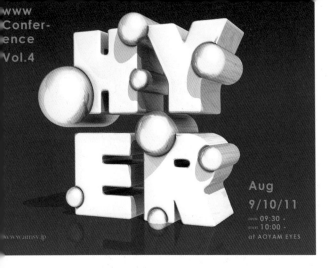

www
Confer-
ence
Vol.4

Aug
9/10/11
OPEN 09:30 -
START 10:00 -
at AOYAM EYES

www.amsv.jp

098
금속 느낌의
입체 로고 만들기

3D 도구의 기능인 재질과 환경광 설정을 이용해 로고의 질
감을 금속 느낌으로 바꿉니다. 3D 기능은 포토샵 버전과
성능에 따라 제대로 작동하지 않을 수 있습니다.

Ps 예제 파일 | 098_base.psd, 098_bg.jpg

01 3D 기능으로 로고를 입체적으로 만든다

예제 파일을 열면 [logo] 레이어에 문자 이미지
가 있습니다 ■1. 새 레이어를 추가한 후 그림처
럼 [브러시 도구]로 포인트가 되는 원형을 그리
고 ■2 [logo] 레이어에서 원형 포인트와 겹치
는 부분을 선택해서 삭제합니다 ■3. [레이어] 패
널에서 각 레이어를 선택하고 메뉴바에서 [3D]
→ [선택한 레이어에서 새 3D 돌출 만들기]를
실행하여 3D로 표현합니다. [레이어] 패널에서
2개의 레이어를 선택하고 메뉴바에서 [3D] →
[3D 레이어 병합]을 실행하면 두 3D 개체가 동
일 좌표에 그려집니다 ■4.

02 로고의 질감을 설정한다

[3D] 패널에서 [logo]를 선택하고 [속성] 패널
에서 [모양 사전 설정: 경사]로 설정하여 ■5 전면
의 가장자리가 깎인 형태로 바꿉니다 ■6. [속성]
패널에서 [단면] 탭을 클릭한 후 [폭: 20%]로 변
경하여 경사의 폭을 좁힙니다 ■7. 계속해서
[3D] 패널에서 원형 개체를 선택한 후 [속성] 패
널에서 [모양 사전 설정: 부풀리기]로 설정합니
다 ■8.

03 로고의 윤곽을 수정한다

[이동 도구]의 옵션바에서 [3D 개체 회전]을 클릭한 후 로고를 90° 수평 방향으로 회전합니다. 앞서 보정한 원형 개체의 단면이 구체가 되지 않은 것을 파악할 수 있습니다 . 바로 옆에서 봤을 때 반구체로 보이도록 [속성] 패널의 [단면] 탭에서 화면에서 [윤곽선]의 사전 설정을 [반원]으로 변경한 후 [부풀리기: 90°], [강도: 20%]로 설정합니다 .

04 개체의 깊이를 보정한다

개체의 깊이를 맞추기 위해 [3D] 패널에서 [logo]를 선택한 후 [속성] 패널에서 [돌출 심도: 800픽셀]로 변경합니다 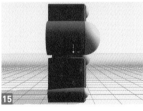. 마찬가지로 원형 개체도 [돌출 심도: 800픽셀]로 변경합니다 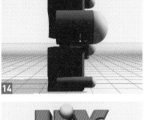. Z 방향의 위치도 어긋나 있으므로 이것도 수정해야 합니다 . [3D] 패널에서 [logo]와 원형 개체를 선택한 후 [이동 도구]의 옵션바에서 [왼쪽 가장자리 맞춤]을 적용합니다 . 시점을 정면으로 되돌려서 확인해 보면 2개의 개체 깊이가 맞춰진 것을 확인할 수 있습니다 .

05 로고의 배경을 만든다

메뉴바에서 [레이어] → [새 칠 레이어] → [그레이디언트]를 선택한 후 그림처럼 [색상: R 109, G 8, B 233→검은색]으로 적용합니다 . [레이어] 패널에서 그레이디언트 레이어를 가장 아래 배치하여 배경으로 사용합니다 .

06 로고의 질감을 설정한다

[3D] 패널에서 [logo]의 재질을 모두 선택한 후 [속성] 패널에서 재질을 [메탈 철]로 변경합니다 . 원형 개체의 재질을 모두 선택한 후 [속성] 패널에서 재질을 [금색 메탈]로 설정합니다 .

07 환경광과 무한 광원을 조정한다

환경광과 무한 광원 설정을 조정하기 위해 [3D] 패널에서 [환경]을 선택합니다. [속성] 패널에서 [IBL]의 축소판을 클릭한 후 [텍스처 대체]를 선택하고 [098_bg.jpg] 예제 파일을 찾아 엽니다 **21** **22**. [3D] 패널에서 [무한 광원]을 선택한 후 화면에 표시된 축을 드래그하여 빛이 닿는 방향을 오른쪽 위에서 왼쪽 아래로 조절합니다 **23**.

08 금색 부분에 광택을 더한다

[3D] 패널에서 원형 개체의 모든 재질을 선택하고 [속성] 패널에서 [기본 색상]을 진한 색으로 변경한 후 [광선: 30%], [금속: 25%]로 변경합니다 **24** **25**. 금색 부분에 광택이 더해져서 색감이 차분해지고 자연스러워 보입니다 **26**.

09 로고에도 반사를 더한다

마찬가지로 [logo] 개체도 [광선]과 [금속]을 보정합니다 **27**. 추가로 [속성] 패널의 [단면] 탭에서 [경사]의 [폭]을 좁히고, [부풀리기]의 [강도]를 [2%]로 설정하여 **28** 개체의 곡면을 늘려 더욱 잘 반사되게 합니다. 마지막으로 [3D] 패널에서 [환경]을 선택한 후 로고의 반사 정도를 확인하면서 [IBL] 텍스처를 드래그하여 위치를 정합니다 **29** **30**.

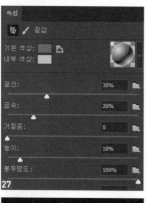

ONE POINT

IBL로 설정하는 이미지는 단순하고, 빛이 화려하며 계조가 풍부한 것을 골라야 더 깔끔한 반사를 표현할 수 있습니다.

099

사이버 펑크
로고 만들기

렌즈 플레어로 광택이 있는 텍스처를 만들
고 변환 기능으로 입체적인 로고를 표현합
니다.

Ps 예제 파일 | 099_base.psd

---

01 로고를 만든다

예제 파일을 열면 로고의 바탕이 되는 이미지가
배치되어 있습니다 **1**. [레이어] 패널에서 레이
어를 더블클릭하여 [레이어 스타일] 창에서 그림
과 같이 [경사와 엠보스]를 적용하면 **2** 로고에
두께감이 표현됩니다 **3**. 현재 상태를 다른 이름
으로 저장해 둡니다.

02 역광 필터로 렌즈 플레어를 만든다

로고 이미지의 [눈] 아이콘을 꺼서 가리고, 새 레
이어를 추가한 후 검은색으로 채웁니다. 메뉴바
에서 [필터] → [렌더] → [렌즈 플레어]를 선택하
고 그림처럼 적용하여 렌즈 플레어를 만듭니다
4 5. 검은색으로 채운 레이어를 추가하면서
[렌즈 유형]을 [35mm 프라임] **6**, [105mm
프라임] **7**, [동영상 프라임] **8** 으로 변경하여 총
4개의 렌즈 플레어 레이어를 만듭니다. 빛의 위
치는 모두 수평입니다.

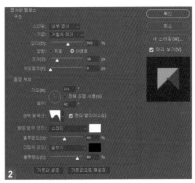

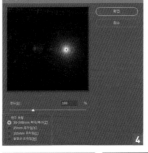

03 극좌표 필터로 빛을 구부린다

4개의 렌즈 플레어를 선택해서 복제하고, 원본 렌즈 플레어와 배경의 [눈] 아이콘은 모두 끕니다. 복제된 [50-300mm 확대/축소] 렌즈 플레어를 선택한 후 메뉴바에서 [필터] → [왜곡] → [극좌표]를 선택하여 [직교좌표를 극좌표로]로 적용합니다 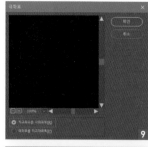. 빛이 활 모양으로 구부려집니다 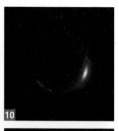. 나머지 복제된 렌즈 플레어도 같은 방법으로 구부립니다 . [레이어] 패널에서 복제된 렌즈 플레어 4개를 선택한 후 혼합 모드를 [색상 닷지]로 변경합니다 .

04 렌즈 플레어를 복제하여 회전한다

구부린 렌즈 플레어 4개를 모두 선택해서 복제하고 , 복제된 4개의 레이어를 선택한 후 메뉴바에서 [편집] → [자유 변형]을 실행하여 회전합니다  .

05 4가지 렌즈 플레어의 이미지를 병합한다

원본 렌즈 플레어 4개의 [눈] 아이콘을 다시 켠 후 [50-300mm 확대/축소]를 제외한 3개의 혼합 모드를 [색상 닷지]로 변경하고 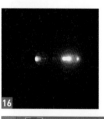 원본 렌즈 플레어 4개를 병합한 후 맨 위에 배치합니다 . 병합한 렌즈 플레어를 선택한 채 메뉴바에서 [필터] → [흐림 효과] → [방사형 흐림 효과]를 선택하여 [양: 100], [흐림 효과 방법: 회전]으로 적용하면  원형으로 흐리게 처리됩니다 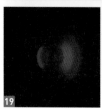. 흐려진 렌즈 플레어를 90° 시계 방향으로 회전한 후 혼합 모드를 [스크린]으로 변경합니다. 마지막으로 병합한 레이어를 복제한 후 혼합 모드를 [색상 닷지]로 변경하여 채도를 높입니다 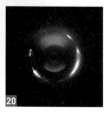.

06 로고 데이터로 변환한다

Ctrl + Alt + Shift + E 를 눌러 화면에 보이는 상태로 병합된 레이어를 추가하고, 메뉴바에서 **[필터] → [왜곡] → [변위]**를 선택한 후 그림처럼 적용합니다 21. **[열기]** 창이 열리면 앞서 다른 이름으로 저장한 로고 파일을 선택해서 엽니다. 그러면 지금까지 만든 텍스처로 로고가 생성됩니다 22. **[레이어]** 패널에서 Ctrl 을 누른 채 원본 로고 레이어의 축소판을 클릭해서 선택 영역으로 지정하고, **[레이어 마스크 추가]**를 실행하면 텍스처의 한가운데로 로고가 배치됩니다 23 24.

07 배경 이미지를 만든다

메뉴바에서 **[레이어] → [새 칠 레이어] → [그레이디언트]**를 실행하여 보라색(R 19, G 1, B 44)과 녹색(R 7, G 230, B 2), **[스타일: 선형]**으로 그레이디언트 배경을 만든 후 앞서 만든 텍스처 로고 레이어 아래에 배치합니다 25 26. 메뉴바에서 **[레이어] → [새 조정 레이어] → [곡선]**을 실행한 후 **[레이어]** 패널에서 맨 위에 배치하고 **[속성]** 패널에서 그림처럼 보정하여 밝은 영역을 조금 강하게 표현합니다 27 28.

08 로고를 밝게 만든다

새 레이어를 추가한 후 검은색으로 채웁니다. 메뉴바에서 **[필터] → [렌더] → [렌즈 플레어]**를 선택한 후 그림처럼 적용합니다 29. **[레이어]** 패널에서 혼합 모드를 **[스크린]**으로 변경하고, **[자유변형]**으로 크기와 위치를 조정하여 로고의 오른쪽을 밝게 표현합니다 30 31.

ONE POINT

[변위] 필터는 변환하는 이미지의 색의 농담을 자동으로 불러옵니다. 입체적인 로고를 만들 때는 그러한 점을 염두에 두고 작업하면 원활하게 진행할 수 있습니다.

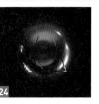
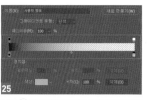

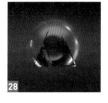

수면에 흔들리는 로고 만들기

파형 필터를 적용하여 로고를 변형한 후, 자동 변형과 조정 도구를 사용하여
수면에 어우러지게 표현합니다.

Ps 예제 파일 | 100_base.psd, 100_수영장.psd

100

01 파형 필터로 로고를 일그러뜨린다

[100_base.psd] 파일을 열면 변화 관찰을 위해 검은 배경에 로고 이미지를 배치해 두었습니다 **1**. 메뉴바에서 [필터] → [왜곡] → [파형]을 선택한 후 그림처럼 적용하면 **2** 물에 떠서 흔들리는 것처럼 표현됩니다 **3**.

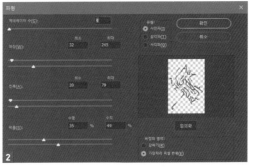

02 파형 필터를 로고에 반복 적용한다

로고 레이어를 복제하고, 다시 한번 [필터] → [왜곡] → [파형]을 선택한 후 이전보다 더 격하게 변화하도록 [파장], [진폭], [비율]의 수치를 크게 설정합니다 **4** **5**. 복제 후 [파형] 필터를 몇 번 더 적용해서 액체에 녹아든 듯한 느낌으로 만듭니다 **6**. 여기서는 총 4회 반복했습니다.

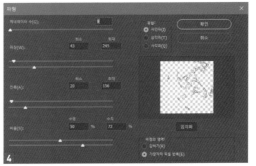

03 로고를 배치한다

[파형] 필터를 반복해서 적용한 레이어가 여러 개 준비되었으면, 이제 처음 [파형] 필터를 적용한 로고 이미지(01번 단계의 3번 이미지)를 중심으로 자연스럽게 이어지도록 배치합니다 **7** **8**. 이때 레이어 마스크를 이용해 로고와 너무 많이 겹친 부분을 지우면서 작업하는 것이 포인트입니다 **9**.

04 로고를 수면에 합성한다

[파형]이 적용된 로고 이미지를 모두 선택해서 하나로 병합한 후 [100_수영장.psd] 파일을 불러옵니다 **10**. [레이어] 패널에서 병합한 로고 레이어를 맨 위에 배치하고 **11**, 메뉴바에서 [편집] → [자유 변형]을 실행하여 수면과 유사한 면적으로 크기와 기울기를 변형합니다 **12**. 로고 레이어의 혼합 모드를 [스크린]으로 변경하여 배경과 어우러지게 하고 **13**, [레이어 마스크 추가]를 실행하여 불필요한 부분을 마스크 처리합니다 **14 15**.

05 색조/채도와 곡선으로 색감을 보정한다

메뉴바에서 [이미지] → [조정] → [색조/채도]를 선택한 후 배경과 유사하게 색감을 변경합니다 **16**. 메뉴바에서 [이미지] → [조정] → [곡선]을 실행한 후 그림처럼 보정합니다 **17 18 19 20**.

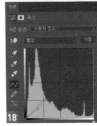

ONE POINT

이번 실습에서는 문자의 가독성을 우선하여 로고를 만들었습니다. 보다 실감나게 표현하고 싶다면, 로고를 합성할 때 수면의 밝은 영역이나 어두운 영역을 확실히 반영하면 좋습니다.

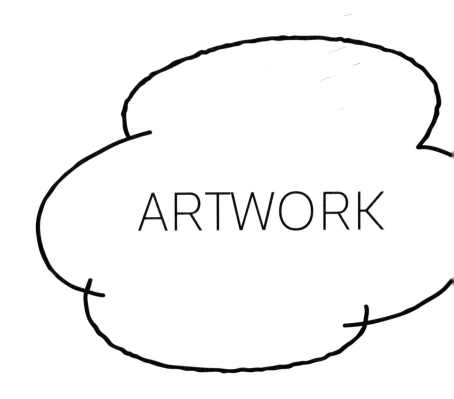

ARTWORK

이미지를 합성해
나만의 작품 만들기

5

사진을 더욱 귀엽고 멋지게 만들 수 있는
보정과 합성 아이디어를 모았습니다.
다양한 감성을 더하고 싶을 때 유용한 테크닉입니다.

컬러풀한 원을 흩뿌려서 귀엽게 장식하기

101

세 가지 형태의 원을 무작위로 배치하여 사진에 장식을 더합니다. 2가지는 단색이고, 1가지는 줄무늬입니다.

Ps 예제 파일 | 101_base.psd, 101_pattern.psd

01 원형을 만든다

[101_base.psd] 파일을 엽니다 **1**. [타원 도구]를 선택하고 옵션바에서 [모드: 모양], [칠: R 230, G 180, B 195], [획: 색상 없음]으로 설정합니다 **2 3**. 이어서 톱니바퀴 아이콘을 클릭한 후 [원(직경 또는 반경 그리기)]를 선택합니다 **4**. 새 레이어를 추가하여 이름을 [분홍 계열]로 변경합니다. 화면 오른쪽 위에서 드래그하여 정원을 그립니다 **5**.

02 원형을 무작위로 추가한다

계속해서 [Shift]를 누른 채 마카롱 주변을 드래그해서 다양한 크기의 정원을 그립니다 **6 7**. [Shift]를 누르지 않고 드래그하면 원마다 새 레이어가 추가됩니다. 그러므로 두 번째 원부터는 [Shift]를 누른 채 드래그해서 하나의 레이어에 여러 개의 정원을 그립니다.

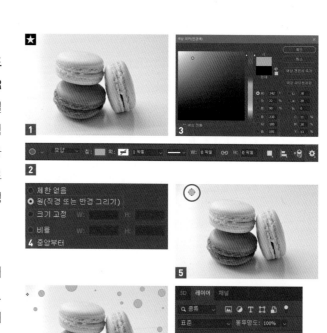

03 파란색과 노란색 원형을 추가한다

새 레이어를 추가한 후 이름을 [파랑 계열]로 변
경합니다 **8**. 옵션바에서 [칠: R 150, G 185,
B 225]로 변경한 후 **9** 앞의 방법으로 파란 원
을 곳곳에 그립니다. 전체의 분포를 보면서 균형
있게 배치하세요. 새 레이어를 하나 더 추가한
후 이름을 [노랑 계열]로 변경합니다. 옵션바에
서 [칠: R 230, G 215, B 155]로 변경하여 노
란 원을 곳곳에 그립니다 **10** **11**.

04 도형을 흐리게 하여 사진에 합성한다

[레이어] 패널에서 [분홍 계열] 레이어를 선택한
후 [속성] 패널에서 [마스크]를 클릭하고, [페더:
2픽셀]로 설정하여 가장자리를 살짝 흐리게 표
현합니다 **12** **13**. 같은 방법으로 [파랑 계열]과
[노랑 계열] 레이어도 선택하여 가장자리를 흐리
게 표현합니다. [레이어] 패널에서 3색 도형 레
이어를 모두 선택한 후 혼합 모드를 [오버레이]
로 변경하여 사진과 겹칩니다 **14**.

05 노란 원에 줄무늬 패턴을 적용한다

[101_pattern.psd] 파일을 열고 **15**, 메뉴바에
서 [편집] → [패턴 정의]를 선택한 후 [이름: 그
레이 스트라이프]로 등록합니다. [101_base.
psd] 파일로 돌아와 [노랑 계열] 레이어를 선택
하고 메뉴바에서 [레이어] → [레이어 스타일] →
[패턴 오버레이]를 선택합니다. [레이어 스타일]
창이 열리면 그림과 같이 앞서 등록한 [그레이
스트라이프] 패턴을 선택합니다 **16**. 이어서 왼쪽
효과 목록에서 [혼합 옵션]을 선택하고 [내부 효
과를 그룹으로 혼합]에 체크한 후 [확인]을 클릭
해서 적용합니다 **17**.

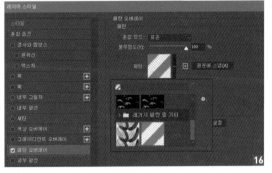

사진을 네온 컬러로 물들이기

102

색이 다른 그레이디언트를 조합해서 전체의 색조를 네온 컬러로 물들입니다.
웹사이트처럼 RGB 설정 그대로 이미지를 사용할 수 있는 미디어에서 특히 효과적입니다.

Ps 예제 파일 | 102_base.psd

01 흑백으로 변환한다

예제 파일을 열고 **1**, 메뉴바에서 [레이어] →
[새 조정 레이어] → [흑백]을 실행하여 새 조정
레이어를 추가합니다. 이로써 사진 전체가 흑백
으로 바뀝니다 **2**.

02 그레이디언트 맵으로 전체를 착색한다

메뉴바에서 [레이어] → [새 조정 레이어] → [그
레이디언트 맵]을 실행하여 조정 레이어를 추가
합니다 **3**. [속성] 패널에서 그레이디언트 바를
클릭하여 **4** 그레이디언트 편집기를 열고, 그림
과 같이 [위치: 0%]에서는 [색상: R 240, G
75, B 250]로, [위치: 100%]에서는 [색상: R
175, G 255, B 95]로 설정하고 [확인]을 클릭
합니다 **5**. 이로써 색조가 분홍색과 노란색의 형
광색이 됩니다 **6**.

03 그레이디언트로 색감에 변화를 준다

메뉴바에서 [레이어] → [새 칠 레이어] → [그레이디언트]를 선택한 후 [이름: 추가 그레이디언트], [모드: 소프트 라이트]로 설정하고 [확인]을 클릭합니다 . [그레이디언트 칠] 창이 열리면 그림을 참고해 설정하고, 그레이디언트는 [불투명도]는 모두 [100%]로 설정하고, [위치: 0%]에서 [색상: R 240, G 75, B 250]으로, [위치: 50%]에서 [색상: R 175, G 255, B 95]로, [위치: 100%]에서 [색상: R 95, G 200, B 255]로 설정한 후 [확인]을 클릭합니다 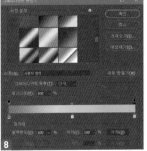  .

04 그레이디언트를 합성하여 깊이감을 낸다

[레이어] 패널에서 [추가 그레이디언트] 레이어를 복제한 후 이름을 [추가 그레이디언트 2]로 변경하고, 혼합 모드를 [색상]으로 변경하면  전체의 색감이 추가 그레이디언트의 색상으로 변합니다 . 바탕의 분홍과 노랑이 보이지 않으므로 [불투명도: 25%] 정도로 변경하여 색상을 약하게 표현합니다  .

05 디테일을 또렷하게 보정한다

전체적으로 약해진 디테일을 보정하기 위해 [레이어] 패널에서 원본 이미지 레이어(배경)를 복제한 후 이름을 [디테일]로 변경합니다. [디테일] 레이어를 맨 위에 배치한 후 혼합 모드를 [소프트 라이트]로 변경합니다 . 이로써 디테일이 또렷해집니다 . [흑백 1] 조정 레이어를 선택한 후 [속성] 패널에서 그림을 참고하여 각 슬라이더를 조절합니다 . 분홍색과 노란색의 범위를 취향에 따라 균형 있게 조절합니다 .

103

스탬프가 벗겨진
앤티크 프레임 만들기

경계선과 점선의 획을 이용하여 앤티크 느낌의 프레임을 만듭니다.

Ps **예제 파일** | 103_shape.psd, 103_watercolor.psd

01 **프레임의 바탕이 되는 모양을 준비한다**

[103_shape.psd] 예제 파일을 열면 프레임의 바탕이 될 육각형이 있습니다 **1**. 회색 배경은 육각형이 잘 보이게끔 임의로 넣어 두었습니다.

02 **육각형의 획을 점선으로 만든다**

[패스 선택 도구]로 육각형을 클릭해 선택하고, 옵션바에서 [획: 검은색], [획 폭: 25픽셀]로 설정합니다 **2**. [획 유형]을 클릭한 후 [옵션 확장]을 클릭하면 **3** [획] 창이 열립니다. 그림처럼 설정한 후 [확인]을 클릭합니다 **4**. 육각형 테두리에 점선이 표현됩니다 **5**.

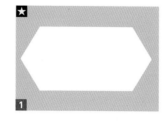

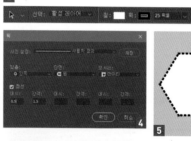

03 **그레이디언트의 경계선을 추가한다**

메뉴바에서 [레이어] → [레이어 스타일] → [획]을 선택한 후 [크기: 75px, 위치: 중앙, 혼합 모드: 곱하기, 중복 인쇄]로 설정합니다 **6**. [그레이디언트]는 [그레이디언트 편집기]에서 그림처럼 흰색과 검은색을 서로 반복해서 적절하게 추가합니다 **7**. 여기서는 왼쪽부터 [0%], [16%], [19%], [31%], [42%], [47%], [67%], [85%], [100%] 위치에 추가했습니다 **8**.

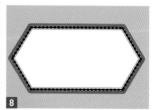

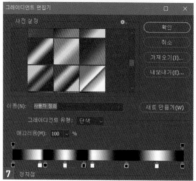

04 광택이 도는 그레이디언트를 추가한다

왼쪽의 효과 목록에서 [획]에 있는 [+] 아이콘을 클릭하여 [획] 효과를 추가하고, 그림과 같이 설정합니다 **9**. [그레이디언트]는 앞서와 마찬가지로 흰색과 검은색을 교차했으며, 위치는 왼쪽부터 [0%], [16%], [31%], [45%], [62%], [85%], [100%]로 설정했습니다 **10**. 설정이 끝나면 [확인]을 클릭하여 스타일을 적용합니다 **11**.

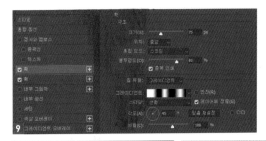

05 모양을 실루엣으로 변환한다

메뉴바에서 [레이어] → [고급 개체] → [고급 개체로 변환]을 실행하고, 전경색과 배경색을 각각 흰색과 검은색으로 설정합니다. 메뉴바에서 [필터] → [필터 갤러리] → [스케치 효과] → [도장]을 선택한 후 [명암 균형: 48], [매끄러움: 7]로 적용합니다 **12 13**.

06 문자를 배치하고 레이어를 병합한다

[수평 문자 도구]를 사용해 프레임 내부에 필요한 문자를 입력합니다 **14**. 구분을 위해 회색으로 채운 [배경] 레이어를 흰색으로 채우고, 모든 레이어를 선택한 후 메뉴바에서 [레이어] → [이미지 병합]을 실행합니다 **15 16**.

07 수채화 텍스처를 합성한다

메뉴바에서 [파일] → [포함 가져오기]를 선택한 후 텍스처로 사용할 수채화 이미지(103_watercolor.psd)를 선택해서 가져옵니다 **17**. [레이어] 패널에서 앞서 병합한 레이어의 [눈] 아이콘을 끄고, 수채화 이미지 레이어를 선택한 후 [레이어 마스크 추가]를 실행합니다 **18**.

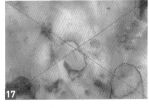

08 완성한 프레임에 텍스처를 적용한다

[레이어] 패널에서 수채화 이미지의 레이어 마스크 축소판을 선택하고, 메뉴바에서 [이미지] → [이미지 적용]을 선택한 후 [레이어: 배경], [혼합 모드: 표준], [반전]에 체크한 후 적용합니다 **19**. [배경] 레이어의 이미지에 텍스처가 겹쳐집니다 **20**.

104
즉석 사진 프레임 만들기

모양과 패턴을 사용한 간단한 프레임으로 즉석 사진 느낌의 이미지를 재현합니다.

Ps 예제 파일 | 104_base.psd, 104_background.psd

01 프레임의 바탕이 될 모양을 준비한다

[폭: 1300픽셀], [높이: 1500픽셀], [해상도: 72 픽셀/인치] 설정으로 새 문서를 만듭니다. [사각형 도구]를 선택한 후 옵션바에서 [모드: 모양], [칠: R 245, G 245, B 235], [획: 색상 없음]으로 설정한 후 **1 2**, 화면에서 캔버스보다 조금 작은 크기로 사각형을 만들고, [속성] 패널에서 모퉁이를 살짝 둥글게 처리합니다 **3 4**.

02 모양에 패턴을 추가한다

메뉴바에서 [레이어] → [레이어 스타일] → [패턴 오버레이]를 선택한 후 [패턴]을 [삼베]로 선택하고 **5**, [혼합 모드: 오버레이], [불투명도: 100%], [비율: 150%]로 변경한 후 [확인]을 클릭하여 적용합니다 **6**. 최신 버전의 포토샵이라면 레거시 패턴을 추가한 후 [기존 패턴] → [예술 표면] 폴더에서 [삼베] 패턴을 찾을 수 있습니다.

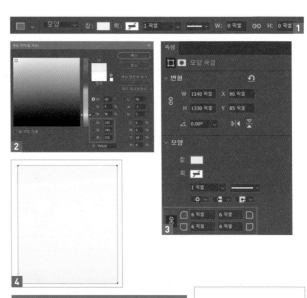

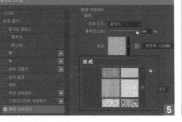

03 질감을 내기 위해 얼룩을 추가한다

새 레이어를 추가한 후 이름을 [얼룩]으로 변경합니다. 전경색과 배경색을 각각 검은색과 흰색으로 설정하고, 메뉴바에서 [필터] → [렌더] → [구름 효과 1]을 실행합니다 **7**. 이어서 메뉴바에서 [레이어] → [클리핑 마스크 만들기]를 실행하여 앞서 만든 사각형 모양에 마스크 처리하고, [레이어] 패널에서 혼합 모드를 [소프트 라이트]로 변경하여 **8** 즉석 사진의 기본 프레임을 만듭니다 **9**.

04 프레임에 사진을 배치한다

[104_base.psd] 파일을 불러온 후 적당한 크기로 잘라서 사진 프레임 위쪽 중앙 부근에 배치하고**10**, 레이어의 이름은 [사진]으로 변경합니다**11**.

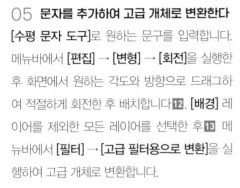

05 문자를 추가하여 고급 개체로 변환한다

[수평 문자 도구]로 원하는 문구를 입력합니다. 메뉴바에서 [편집] → [변형] → [회전]을 실행한 후 화면에서 원하는 각도와 방향으로 드래그하여 적절하게 회전한 후 배치합니다**12**. [배경] 레이어를 제외한 모든 레이어를 선택한 후**13** 메뉴바에서 [필터] → [고급 필터용으로 변환]을 실행하여 고급 개체로 변환합니다.

06 배경에 사진을 배치하고 입체감을 준다

배경으로 사용할 [104_background.psd] 파일을 엽니다. 앞서 사진 프레임인 고급 개체 레이어를 복사한 후 붙여넣고, 크기와 각도 등을 조절하여 배치합니다**14**. 마지막으로 고급 개체 레이어에서 [레이어 스타일] 창을 열고 그림을 참고하여 [경사와 엠보스]**15**와 [드롭 섀도]**16** 스타일을 적용합니다**17**.

105
색연필로 그린 일러스트 느낌으로 보정하기

가장자리 강조나 가장자리 찾기 필터로 원본 이미지의 윤곽을 약하게 하고, 유채 및 페인트 바르기 필터로 일러스트 느낌으로 보정합니다.

Ps 예제 파일 | 105_base.jpg

01 대비를 낮춰서 생동감을 낮춘다

예제 파일을 엽니다 ①. 원본 레이어를 복제한 후 고급 개체로 변경하고, 메뉴바에서 [이미지] → [조정] → [어두운 영역/밝은 영역]을 선택한 후 그림처럼 대비를 낮춰서 ② 생동감을 낮춥니다 ③.

02 강조된 가장자리 필터를 적용한다

메뉴바에서 [필터] → [필터 갤러리] → [브러시 획] → [강조된 가장자리]를 선택한 후 [가장자리 폭: 14], [가장자리 밝기: 30], [매끄러움: 15]로 적용하면 ④ 윤곽이 약하게 표현됩니다 ⑤.

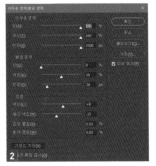

03 가장자리 찾기 필터를 적용한다

레이어를 복제합니다. 메뉴바에서 [필터] → [스타일화] → [가장자리 찾기]를 실행하여 윤곽선을 따냅니다 ⑥. [레이어] 패널에서 혼합 모드를 [선형 번]으로 변경하여 ⑦ 원본 이미지와 어우러지게 합니다 ⑧.

04 유채 필터로 유채풍으로 바꾼다

지금까지 추가한 레이어를 모두 선택해서 복제하고, 복제된 레이어를 하나로 병합합니다. 메뉴바에서 [필터] → [스타일화] → [유화]를 선택한 후 그림처럼 적용하면  스트로크의 질감이 더해집니다. 병합한 레이어의 혼합 모드를 [오버레이]로 변경하여 자연스럽게 겹칩니다 .

05 페인트 바르기 필터로 색연필로 그린 것처럼 보정한다

지금까지 만든 레이어를 모두 병합하고, 메뉴바에서 [필터] → [필터 갤러리] → [예술 효과] → [페인트 바르기]를 선택한 후 [브러시 크기: 10], [선명도: 40], [브러시 유형: 흐리게]로 적용합니다 . 색연필로 그린 것 같은 질감으로 표현되면 이어서 메뉴바에서 [레이어] → [새 조정 레이어] → [색조/채도]를 선택한 후 그림처럼 설정하여 전체의 색감을 연하게 만듭니다 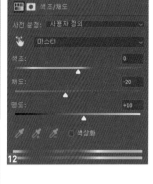 .

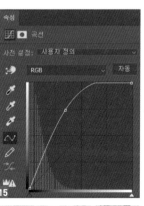

06 메조틴트 필터로 노이즈를 더한다

새 레이어를 추가한 후 검은색으로 채우고, 메뉴바에서 [필터] → [픽셀화] → [메조틴트]를 선택한 후 [유형: 거친 점]으로 적용합니다 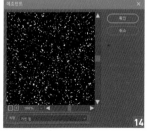. 계속해서 메뉴바에서 [레이어] → [새 조정 레이어] → [곡선]을 선택한 후 그림처럼 보정하면  입자를 더욱 눈에 띄게 표현됩니다 . 검은 점 입자 레이어의 혼합 모드를 [스크린]으로 변경하여 이미지와 어우러지게 합니다. 마지막으로 검은 점 입자 레이어에서 [레이어 마스크 추가]를 실행한 후 일부를 마스크 처리하여 17 노이즈에 얼룩을 표현합니다 18.

aGALLERY8
presents

洋 と 印

2018
8/15-9/15

OPEN 09:30 -
START 10:00 -
CLOSE 8/29,9/12
at AOYAM EYES
000-0000
3-3-33,jingumae,
shibuya-ku,tokyo,
japan
www.amsy.jp

www.amsy.jp

106
사진을 수채화 느낌으로 보정하기

색조 보정 계열의 필터로 사진의 생동감을 없애고, 필터 갤러리의 브러시 획 계열 필터로 수채화의 부드러움을 더합니다.

Ps 예제 파일 | 106_base.jpg

01 구름 효과 필터로 구름 무늬를 만든다

예제 파일을 엽니다 . 새 레이어를 추가한 후 흰색으로 채웁니다. 전경색을 검은색, 배경색을 흰색으로 설정한 후 메뉴바에서 [필터] → [렌더] → [구름 효과 2]를 실행합니다. 구름이 표현되면 특정 부분을 잘라서 확대 배치합니다 . 이어서 메뉴바에서 [선택] → [색상 범위]를 선택한 후 구름의 검은색 부분을 클릭한 후 [확인]을 클릭하여 검은 부분을 선택 영역으로 지정합니다 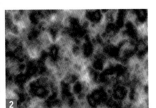. 메뉴바에서 [레이어] → [새 조정 레이어] → [곡선]을 실행하고, [속성] 패널에서 그림처럼 보정합니다 . 구름 모양 레이어를 삭제하거나 [눈] 아이콘을 꺼서 가리면 원본 이미지에 번짐이 표현됩니다 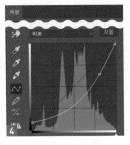.

02 원본의 대비와 윤곽을 약하게 한다

레이어를 모두 복제한 후 복제된 레이어를 병합하고 고급 개체로 변환합니다. 메뉴바에서 [이미지] → [조정] → [어두운 영역/밝은 영역]을 선택한 후 그림처럼 적용하여  전체의 대비를 낮춥니다. 이어서 메뉴바에서 [필터] → [필터 갤러리] → [브러시 획] → [강조된 가장자리]를 선택한 후 [가장자리 폭: 14], [가장자리 밝기: 30], [매끄러움: 15]로 적용하여 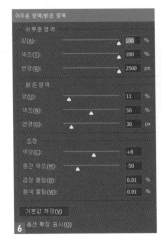 윤곽을 약하게 합니다 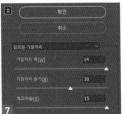.

03 가장자리 찾기 필터를 적용한 레이어를 선형 닷지로 겹친다

레이어를 복제한 후 메뉴바에서 [필터] → [스타일화] → [가장자리 찾기]를 실행한 후 [레벨]을 적절하게 조절합니다 . 이어서 혼합 모드를 [선형 번]으로 변경하여 겹칩니다 .

04 뿌리기 필터로 윤곽선을 번지게 한다

[Ctrl]+[Alt]+[Shift]+[E]를 병합된 상태의 레이어를 추가한 후 고급 개체로 변환하고, 메뉴바에서 [필터] → [필터 갤러리] → [브러시 획] → [뿌리기]를 선택한 후 [스프레이 반경: 20], [매끄러움: 10]으로 적용하면 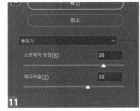 이미지의 윤곽이 무작위로 번집니다 .

05 그레인 필터로 질감을 더한다

메뉴바에서 [필터] → [필터 갤러리] → [텍스처] → [그레인]을 선택한 후 [강도: 40], [대비: 50], [그레인 유형: 덩어리]로 적용하여 질감을 더합니다 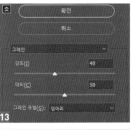. 메뉴바에서 [레이어] → [새 조정 레이어] → [곡선]을 선택한 후 그림처럼 전체의 밝기를 보정합니다  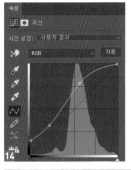 .

ONE POINT

수채화 느낌을 강조하고 싶다면 종이 질감의 이미지를 맨 위에 배치한 후 , [레이어 마스크 추가]를 실행합니다. 브러시의 모드를 [곱하기]로 설정하여 레이어 마스크에서 덧그리면 아래 이미지가 나타나서 수채화 느낌의 자연스러운 번짐을 표현할 수 있습니다 .

司会
東城ちあき
ゲスト
弓山 梨乃　　向河原 貞夫

2018年9月8日
OPEN 11:30 / START 12:00　前売1,500円/当日2,000円（コーヒー付き）
会場：SUNNY SIDE cafe.
東京都渋谷区宇田川町0-00 フィエス渋谷4F TEL03-0000-0000

トークショー

107
백지 상태에서 수채화 느낌의 브러시 만들기

구름 효과, 뿌리기, 페인트 바르기 필터 등을 조합하여 수채화 특유의 질감을 만듭니다.

01　구름 효과 필터로 구름 무늬를 만든다

[폭: 1000픽셀], [높이: 1000픽셀], [해상도: 300dpi]로 새 문서를 만듭니다. 새 레이어를 추가한 후 흰색으로 채우고, 전경색은 검은색, 배경색은 흰색으로 설정한 후 메뉴바에서 [필터] → [렌더] → [구름 효과 2]를 2번 반복 실행하여 1 임의의 구름 무늬를 만듭니다 2.

02　곡선으로 구름 무늬를 또렷하게 한다

메뉴바에서 [레이어] → [새 조정 레이어] → [곡선]을 선택한 후 그림처럼 적용하여 3 구름 무늬를 또렷하게 만듭니다 4.

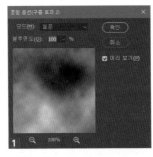

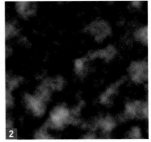

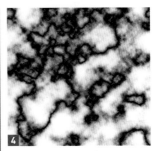

03 이미지의 네 모퉁이를 마스크 처리한다

[레이어] 패널에서 [레이어 마스크 추가]를 실행한 후 브러시로 사용할 때를 고려하여 이미지의 네 모퉁이를 숨기듯 마스크 처리합니다 **5** **6**.

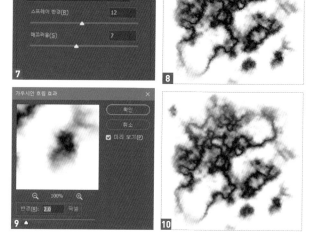

04 뿌리기 필터로 윤곽선을 일그러뜨린다

Ctrl + Alt + Shift + E 를 눌러 병합된 레이어를 추가하고, 메뉴바에서 [필터] → [필터 갤러리] → [브러시 획] → [뿌리기]를 선택한 후 [스프레이 반경: 12], [매끄러움: 7]로 적용하여 **7** 윤곽선을 무작위로 일그러뜨립니다 **8**. 이어서 메뉴바에서 [필터] → [흐림 효과] → [가우시안 흐림 효과]를 선택한 후 [반경: 2픽셀]로 적용하여 어우러지게 합니다 **9** **10**.

05 페인트 바르기 필터로 윤곽선을 돋보이게 한다

메뉴바에서 [필터] → [필터 갤러리] → [예술 효과] → [페인트 바르기]를 선택한 후 [브러시 크기: 1], [선명도: 5], [브러시 유형: 흐리게]로 적용하여 **11** 구름 무늬의 윤곽선을 조금 돋보이게 하고 **12**, 메뉴바에서 [레이어] → [새 조정 레이어] → [곡선]을 선택한 후 그림처럼 보정하여 전체의 색감을 진하게 합니다 **13** **14**.

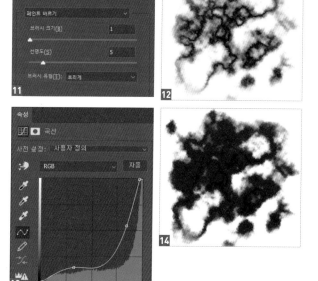

ONE POINT

수채화 느낌의 질감을 표현하기 위해 [구름 효과 2] 필터를 이용했습니다. [구름 효과 2] 필터는 실행할 때마다 무늬가 달라지므로 원하는 무늬가 나올 때까지 반복 실행한 후 사용해 보세요.

생생한 색감의 망점으로 표현하기 108

그레이디언트 색상을 사용함으로써 간단하게 경쾌한 인상의 사진으로 보정할 수 있습니다.

Ps 예제 파일 | 108_base.jpg

01 그레이디언트 맵을 적용한다

예제 파일을 엽니다 **1**. 메뉴바에서 [레이어] →
[새 조정 레이어] → [그레이디언트 맵]을 실행한
후 [속성] 패널에서 그림을 참고하여 원하는 색
상으로 그레이디언트를 설정합니다 **2**. 여기서
는 왼쪽부터 [R 0, G 46, B 178], [R 255, G
103, B 103], [R 222, G 103, B 103], [R
222, G 255, B 108]로 설정했습니다 **3**.

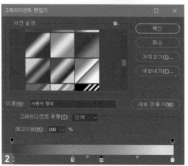

02 그레이디언트 레이어를 추가한다

메뉴바에서 [레이어] → [새 칠 레이어] → [그레이디언트]를 실행한 후 그레이디언트 색상은 [R 255, G 0, B 102] , [불투명도: 100%]에서 [0%](투명)으로 설정한 후 그림처럼 적용합니다  . 그레이디언트 레이어의 혼합 모드를 [색조]로 변경하여 아래 이미지와 어우러지게 하고 하늘에 계조를 부여합니다 .

03 색상 하프톤 필터로 망점 그림을 만든다

Ctrl + Alt + Shift + E를 눌러 병합한 레이어를 추가합니다. 이미지 전체를 선택하여 복사한 후 복사한 이미지 크기에 맞춰 새 문서를 만든 후 붙여넣습니다(Ctrl + A → Ctrl + C → Ctrl + N → Ctrl + V). 메뉴바에서 [이미지] → [모드] → [회색 음영]을 실행하여 새 문서에서 이미지를 회색조로 변환하고 , 메뉴바에서 [필터] → [픽셀화] → [색상 하프톤]을 선택한 후 [최대 반경: 20픽셀]로 적용하여  흑백 망점 그림으로 변환합니다 .

04 흑백의 망점 그림에 색을 입힌다

흑백 망점 이미지 전체를 선택하여 복사한 후 작업 중이던 파일로 돌아와 붙여넣습니다. 01번 단계와 같은 방법으로 [그레이디언트 맵]을 추가하여 흑백 망점에 색을 입힌 후  흑백 망점 이미지의 혼합 모드를 [소프트 라이트]로 변경합니다 .

ONE POINT

일반적인 이미지에 [색상 하프톤] 필터를 적용하면 CMYK 또는 RGB의 원색 망점이 뒤섞인 상태가 되지만, 단색(흑백 등)으로 설정한 후 처리하면 깔끔한 망점 이미지가 됩니다.

109
사진의 일부를 활용하여
레이스 무늬 만들기

사진 일부를 오려내어 보정한 후 패턴으로 등록하여 반복함으로써 레이스 무늬를 만듭니다.

Ps 예제 파일 | 109_base.jpg

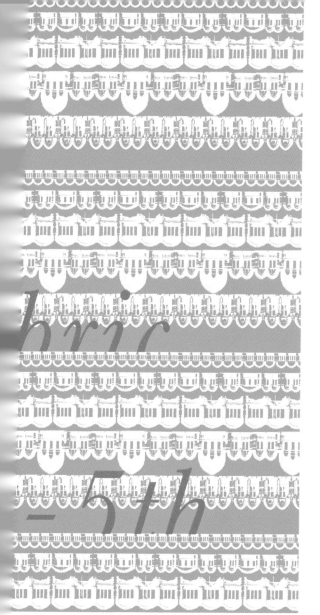

01 원본 이미지에서 소재 부분을 오려낸다

예제 파일을 엽니다 . 사진의 창문틀을 이용하여 레이스 무늬를 만들겠습니다. [사각형 선택 윤곽 도구]로 원하는 부분을 선택한 후 복사하고 , 새 레이어를 추가하여 붙여넣습니다 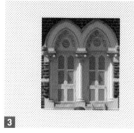.

02 창문틀 부분을 흰색으로 칠한다

메뉴바에서 [레이어] → [새 조정 레이어] → [곡선]을 선택한 후 그림처럼 적용하여 대비를 높이고 창문틀을 돋보이게 합니다 . 이어서 메뉴바에서 [선택] → [색상 범위]를 선택한 후 [허용량: 200]으로 설정하고, 흰색 부분을 클릭하여 선택 영역으로 지정합니다 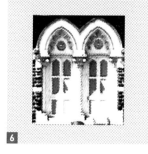 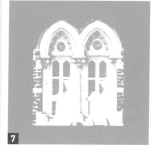. 메뉴바에서 [레이어] → [새 칠 레이어] → [단색]을 실행한 후 흰색으로 채웁니다. [레이어] 패널에서 칠 레이어만 남기고 모두 가리거나 삭제하면 흰색 창문틀이 준비됩니다.

03 검은색으로 칠한 창문틀과 겹친다

흰색 창문틀 레이어(칠 레이어)를 선택한 후 메뉴바에서 [편집] → [변형] → [세로로 뒤집기]를 실행한 후 복제합니다 8. 복제된 레이어의 창문틀을 검은색으로 채웁니다 9. 이어서 검게 칠한 레이어를 흰색으로 칠한 레이어 아래로 이동합니다 10.

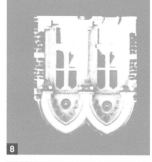

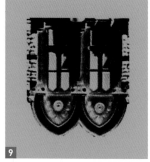

04 창문틀 이미지를 패턴으로 등록한다

흰색과 검은색 레이어를 병합한 후 복사합니다. 복사한 이미지 크기로 새 문서를 만든 후 붙여 넣고, 배경을 투명하게 설정합니다 11. 이어서 메뉴바에서 [편집] → [패턴 정의]를 선택하여 패턴으로 등록합니다.

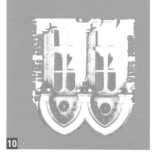

05 등록한 패턴으로 칠한다

임의의 크기로 새 문서를 만들고 메뉴바에서 [레이어] → [새 칠 레이어] → [패턴]을 실행한 후 앞서 등록한 패턴을 적용합니다 12. 새 문서에 선택한 패턴이 채워지면 13 [사각형 선택 윤곽 도구]를 이용하여 한 줄만을 선택하면 레이스 무늬가 완성됩니다 14. 지금까지의 과정을 참고하여 다른 창문틀 등에서 마음에 드는 형태를 오려내어 여러 개의 변형을 만들어 활용해 보세요.

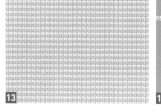

ONE POINT

레이스 무늬를 사진에서 추출할 때 사진이 가진 음영이나 입체감도 어느 정도 남기면 세밀한 무늬를 만들 수 있습니다. 또한 여기서는 창문틀을 사용했지만, 꽃잎이나 울타리, 과일의 단면 등 다양한 소재에서 레이스 무늬를 만들 수 있습니다.

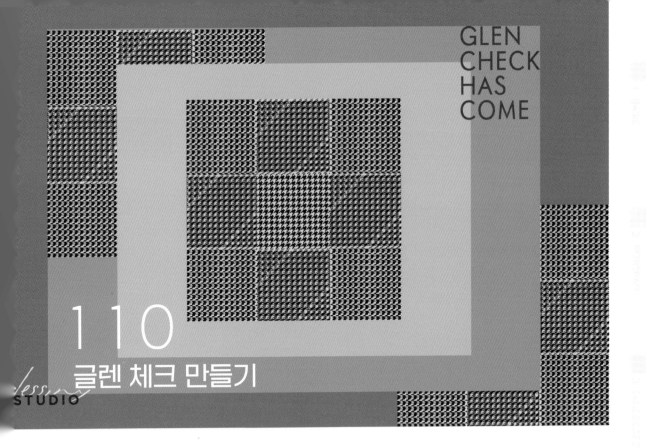

GLEN
CHECK
HAS
COME

110
글렌 체크 만들기

lesson
STUDIO

하나의 패턴을 이용해 두 종류의 변형을 만들고, 교대로 배치하여 글렌 체크 무늬를 만듭니다.

Ps 예제 파일 | 110_pattern.psd

01 새 문서에 가이드를 만든다

[폭: 1000픽셀], [높이: 1000픽셀], [해상도: 350픽셀/인치]로 새 문서를 만듭니다. 메뉴바에서 [보기] → [새 안내선 레이아웃]을 선택한 후 그림처럼 적용하면 **1** 가로세로 3분할 가이드가 표시됩니다 **2**.

02 하운드투스 패턴으로 칠한다

[110_pattern.psd] 파일을 열어 패턴으로 등록합니다. 작업 중이던 파일로 돌아와 가이드에서 정중앙에 있는 사각형에 맞춰 선택 영역을 지정하고 **3**, 메뉴바에서 [레이어] → [새 칠 레이어] → [패턴]을 실행한 후 앞서 등록한 패턴을 [비율: 4%]로 적용합니다 **4**. 패턴으로 채운 레이어 이름을 [원본 이미지]로 변경합니다 **5**.

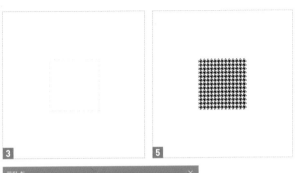

03 흐림 효과 필터로 세로로 흐리게 한다

[원본 이미지] 레이어를 복제한 후 복제된 레이어에서 마우스 우클릭하고 [레이어 래스터화]를 실행합니다. 이어서 메뉴바에서 [필터] → [흐림 효과] → [동작 흐림 효과]를 선택하고 [각도: 90°], [거리: 30픽셀]로 적용하면 6 세로 방향으로 흐리게 처리됩니다 7.

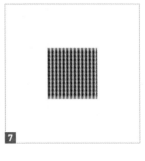

04 기울임 필터로 격자를 기울인다

[원본 이미지] 레이어를 복제한 후 복제된 레이어를 맨 위로 옮기고, [레이어 래스터화]를 실행합니다 8. 원본 이미지와 같은 크기로 정사각형 선택 영역을 지정하고 9, 메뉴바에서 [필터] → [왜곡] → [기울임]을 선택한 후 그림과 같이 설정하여 10 선택 영역 내에서 기울이면 대각선이 진하게 표현됩니다 11.

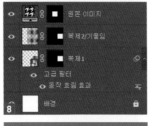

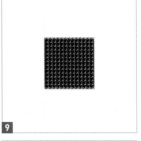

05 흐림 효과 필터로 가로로 흐리게 한다

[동작 흐림] 필터와 [기울임] 필터가 적용된 레이어를 함께 선택한 후 Ctrl + G 를 눌러 그룹으로 묶습니다. 이어서 [자유 변형]을 실행하여 오른쪽 중앙으로 옮깁니다. 이로써 하나의 무늬가 완성되었습니다. 두 번째 패턴을 만들기 위해 [원본 이미지] 레이어를 복제한 후 12 복제된 레이어를 맨 위로 옮기고, [레이어 래스터화]를 실행합니다. 이어서 메뉴바에서 [필터] → [흐림 효과] → [동작 흐림 효과]를 선택한 후 [각도: 0°], [거리: 30픽셀]로 적용하여 가로 방향으로 흐리게 처리합니다 13. 그림은 변화를 확인하기 위해 잠시 [원본 이미지] 레이어를 숨긴 상태입니다 14.

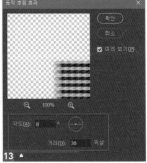

06 90° 회전시킨 패턴을 만든다

[원본 이미지] 레이어를 복제하여 맨 위로 옮기고 [레이어 래스터화]를 실행합니다 15. 정가운데 사각형을 선택 영역으로 지정하고, [기울임] 필터를 적용합니다 16 17. 이어서 [자유 변형]을 실행하여 시계 방향으로 90° 회전시킵니다 18. 이로써 두 번째 무늬도 준비되었습니다.

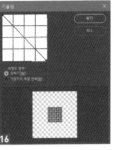
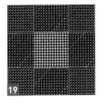

07 두 종류의 무늬를 교대로 배치한다

두 번째 무늬 레이어도 그룹으로 묶습니다. 각 그룹을 4개씩 복제하여 중앙을 제외한 8개 영역에 교대로 배치해 봅니다. 중앙에 원본 이미지가 있고, 2종류의 무늬가 주변에 배치되어 하나의 무늬가 됩니다 19 20.

08 무늬의 밝기를 맞춘다

원본 이미지와 다른 무늬 사이에 밝기 차이가 크므로 보정이 필요합니다. 메뉴바에서 [레이어] → [새 조정 레이어] → [레벨]을 실행한 후 [속성] 패널에서 그림처럼 보정하여 중심 이외의 부분을 밝게 합니다 21. 이때 단순히 전체를 밝게 하면 무늬가 날아갈 수 있으니 주의하세요. 전체의 밝기를 보정한 후 메뉴바에서 [레이어] → [새 조정 레이어] → [곡선]을 실행한 후 그림처럼 전체적으로 살짝 어둡게 보정합니다 22 23.

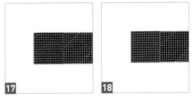
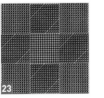

ONE POINT

이번 실습에서 제공하는 기본 패턴은 아래 그림처럼 정사각형과 이등변삼각형을 조합하여 만들었습니다.

111

병아리에 계란 껍데기 합성하기

레이어를 나열하는 순서에 따라 보이는 방법이 다르다는 점을 이용하여 간단한 합성을 실습합니다.

Ps 예제 파일 | 111_소재.psd

01 새 문서에 이미지를 배치한다

[폭: 3386픽셀], [높이: 2418픽셀], [해상도: 350픽셀/인치] 설정으로 새 문서를 만들고, 노란색(#ffca36)으로 배경을 채웁니다 **1**. [111_소재.psd] 파일을 열고 **2**, [병아리] 레이어를 복사한 후 앞서 만든 배경에 붙여넣습니다 **3**. 계속해서 [계란 01](계란 껍데기의 아래쪽) 레이어와 [계란 02](계란 껍데기의 위쪽) 레이어를 순서대로 배경에 붙여넣습니다 **4**.

02 계란에서 필요한 부분만 복사한다

[레이어] 패널에서 [계란 01] 레이어를 선택하고, [펜 도구]나 [자동 선택 도구] 등을 활용하여 계란 껍데기의 노란색 부분을 선택 영역으로 지정합니다 **5**. [Ctrl]+[J]를 눌러 레이어 복제를 실행하면 선택 영역만 새 레이어에 복제됩니다. 복제된 레이어를 맨 위로 옮기고, 이름을 [계란 01-2]로 변경합니다 **6**.

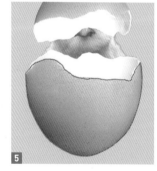

03 껍데기 안쪽을 어둡게 한다

[계란 01] 레이어를 [병아리] 레이어 아래로 옮기고, [계란 01] 레이어가 선택된 상태로 메뉴바에서 [이미지] → [조정] → [레벨]을 선택한 후 그림처럼 적용합니다 7 8 . 지금까지 실습 후 [레이어] 패널은 다음과 같습니다 9 .

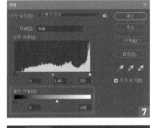

04 위쪽 껍데기를 오려낸다

앞과 같은 방법으로 [계란 02] 레이어에서도 노란색 부분만을 선택 영역으로 지정한 후 10 선택 영역만 복제하고, 복제된 레이어 이름을 [계란 02-2]로 변경합니다. [계란 02] 레이어는 [병아리] 레이어 아래로 옮기고, [레벨]을 실행하여 앞과 같은 수치로 보정합니다 11 .

05 병아리에게 그림자를 넣는다

[병아리] 레이어 위에 새 레이어를 추가하고, 이름을 [병아리 그림자]로 변경한 후 [병아리 그림자] 레이어에서 마우스 우클릭하여 [클리핑 마스크 만들기]를 실행합니다. [브러시 도구]를 선택하고, 전경색을 검은색으로 설정한 후 계란 껍데기에서 병아리 쪽으로 드리우는 그림자를 그립니다 12 . [불투명도]를 [10%]로 설정하면 자연스럽게 어우러집니다 13 .

06 병아리의 다리를 달아서 완성한다

[111_소재.psd] 파일에서 [병아리 다리] 레이어를 복사한 후 [배경] 레이어 위에서 붙여넣고, 그림처럼 배치합니다. [병아리 다리] 레이어를 복제한 후 메뉴바에서 [편집] → [변형] → [가로로 뒤집기]를 실행한 후 나머지 다리를 배치합니다 14 . [병아리 다리] 레이어 아래에 새 레이어를 추가하고, [브러시 도구]를 사용해 그림자를 그립니다 15 .

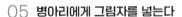

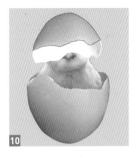

어슴푸레하고 아련한 인상으로
보정하기

112

흐림 효과 필터와 곡선을 사용해 사진을 어슴푸레하고 아련한 인상으로 표현합니다.

Ps 예제 파일 | 112_base.psd

01 레이어를 복제한 후 마스크를 만든다

예제 파일을 열고 **1**. 원본 이미지를 2개 복제합니다. 복제된 레이어 중 아래쪽 레이어만 선택한 후 나머지 레이어는 모두 숨깁니다. 메뉴바에서 **[필터]** → **[흐림 효과]** → **[가우시안 흐림 효과]**를 선택한 후 **[반경: 25픽셀]**로 적용합니다 **2** **3**. 맨 위 레이어를 다시 표시한 후 선택하고 **[레이어]** 패널에서 **[레이어 마스크 추가]**를 실행합니다. 이어서 **[Ctrl]** + **[I]**를 눌러서 레이어 마스크를 검은색으로 채웁니다.

02 고양이 얼굴과 발의 마스크를 삭제한다

[브러시 도구]를 선택하고, **[부드러운 원]**, **[불투명도: 30%]**로 설정한 후 전경색을 흰색으로 변경합니다 **4**. 위치에 따라 브러시 크기를 변경하고, 화면에서 점을 찍는 느낌으로 고양이의 얼굴과 발을 클릭해서 마스크를 지웁니다 **5**. 이로써 클릭한 얼굴과 발이 다른 부분보다 뚜렷하게 표현됩니다 **6**.

03 곡선으로 색감을 보정한다

메뉴바에서 **[레이어]** → **[새 조정 레이어]** → **[곡선]**을 실행하고, **[속성]** 패널에서 그림처럼 색을 옅게 보정합니다 **7**. 이어서 **[빨강]**에서는 중앙과 오른쪽 위, 왼쪽 아래에 포인트를 추가하고, 왼쪽 아래는 **[입력: 63, 출력: 72]**, 오른쪽 위는 **[입력: 191, 출력: 184]**로 보정합니다 **8**. 마찬가지로 **[파랑]**에서도 세 곳에 포인트를 추가하고, 왼쪽 아래는 **[입력: 66, 출력: 77]**, 오른쪽 위는 **[입력: 197, 출력: 185]**로 보정합니다 **9**. 이로써 아날로그 느낌의 따뜻한 인상으로 바뀝니다 **10**.

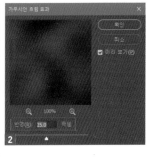

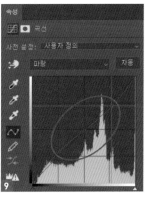

스탬프 느낌으로 보정하기

여러 필터를 조합하여 사진을 스탬프 느낌으로 보정합니다.

Ps 예제 파일 | 113_dog.psd

113

01 하이 패스 필터를 적용한다

예제 파일을 열면 [강아지]와 [배경] 레이어가 배치되어 있습니다 **1**. [강아지] 레이어를 선택하고 메뉴바에서 [필터] → [기타] → [하이 패스]를 선택한 후 [반경: 18픽셀]로 적용합니다 **2** **3**.

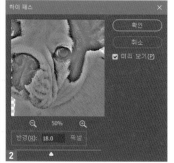

02 한계값을 적용한다

메뉴바에서 [이미지] → [조정] → [한계값]을 선택한 후 [한계값 레벨: 131]로 적용합니다 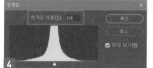 .

03 강아지의 털을 흐리게 처리한다

메뉴바에서 [필터] → [흐림 효과] → [가우시안 흐림 효과]를 선택한 후 [반경: 1픽셀]로 적용합니다  .

04 갈라진 스탬프 느낌으로 보정한다

메뉴바에서 [필터] → [필터 갤러리] → [예술 효과] → [오려내기]를 선택한 후 [레벨 수: 8], [가장자리 단순하게: 0], [가장자리 정확하게: 3]으로 설정합니다 . 이어서 창 오른쪽 아래에 있는 [새 효과 레이어]를 클릭한 후 [스케치 효과] → [도장]을 선택하여 [명암 균형: 10], [매끄러움: 5]로 설정하고 [확인]을 클릭합니다 . 마지막으로 레이어의 혼합 모드를 [어둡게 하기]로 변경하여 배경과 어우러지게 합니다 .

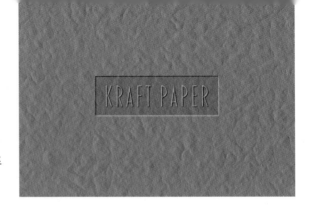

114
크래프트지 만들기

구름 무늬와 엠보스 필터를 조합하면 간단하게 크래프트지 질감을 재현할 수 있습니다.

01 새 문서에 구름 효과 필터를 적용한다

[폭: 3528픽셀], [높이: 2508픽셀], [해상도: 350픽셀/인치]로 새 문서를 만들고, 전경색은 검은색, 배경색은 흰색으로 설정합니다 **1**. 메뉴바에서 [필터] → [렌더] → [구름 효과 1]**2**과 [구름 효과 2]**3**를 순서대로 실행합니다.

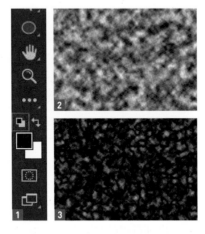

02 엠보스 필터를 적용한다

메뉴바에서 [필터] → [스타일화] → [엠보스]를 선택한 후 [각도: 0°], [높이: 6픽셀], [양: 100%]로 적용합니다 **4** **5**.

03 색조/채도로 크래프트지 색으로 바꾼다

메뉴바에서 [이미지] → [조정] → [색조/채도]를 선택한 후 [색상화]에 체크하고, [색조: 30], [채도: 10], [밝기: 5]로 적용하면 **6** 크래프트지의 색감이 재현됩니다 **7**. 마지막으로 문자를 입력하고, 원하는 스타일을 적용합니다 **8**. 그림과 같은 스타일은 [093] 테크닉을 참고하세요.

115

사진을 드라마틱한 분홍색으로 물들이기

선택 색상을 사용하여 전체가 분홍색으로 물든, 분위기 있는 사진으로 보정합니다.

Ps 예제 파일 | 115_base.jpg

01 선택 색상을 사용하여 사진을 보정한다

예제 파일을 엽니다 **1**. 메뉴바에서 [레이어] → [새 조정 레이어] → [선택 색상]을 실행한 후 [속성] 패널에서 [절대치]에 체크한 후 [색상: 노랑 계열], [노랑: −100%], [검정: +10%]로 설정하여 화면 전체의 노란 기를 낮춥니다 **2**. [색상: 파랑 계열], [녹청: −100%]로 설정하여 남성의 옷 색을 낮추고 **3**, 마지막으로 [색상: 흰색 계열], [노랑: +15%]로 설정하여 수면의 흰 부분을 노랗게 바꿉니다 **4 5**.

02 전체의 색감을 정돈한다

[색상: 중간색], [녹청: −5%], [마젠타: +10%]로 설정하여 전체의 색감을 마젠타에 가깝게 표현하고 **6**, [색상: 검정 계열], [녹청: −5%], [검정: −10%]로 설정하여 녹청을 약간 빨강에 가깝게 하면서 검정을 조금 줄임으로써 전체를 아련한 인상으로 바꿉니다 **7**. 색상 보정이 끝나면 Ctrl + Alt + Shift + E를 눌러 병합한 레이어를 추가하고, 메뉴바에서 [필터] → [Camera Raw 필터]를 선택한 후 [명료도: −45]로 적용하면 **8** 마젠타나 분홍 계열에 가까운 아련한 인상의 사진이 완성됩니다 **9**.

116

예술적인 포트레이트 이미지 만들기

포트레이트 이미지는 촬영 시 조명을 이용해 표현합니다.
여기서는 그레이디언트를 활용하여 유사하게 표현해 보겠습니다.

Ps 예제 파일 | 116_base.jpg

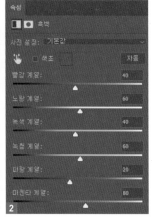

01 흑백으로 변환한다

예제 파일을 엽니다 **1**. 메뉴바에서 [레이어] →
[새 조정 레이어] → [흑백]을 실행한 후 [속성]
패널에서 그림처럼 적용하여 **2** 흑백으로 변경
합니다 **3**.

02 곡선으로 인물을 돋보이게 한다

[빠른 선택 도구] 등을 사용하여 인물을 제외한
배경을 선택 영역으로 지정하고 **4**. 메뉴바에서
[레이어] → [새 조정 레이어] → [곡선]을 실행한
후 [속성] 패널에서 그림처럼 어둡게 보정하면
5 인물이 돋보입니다 **6**.

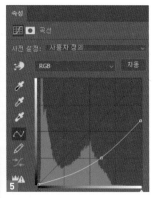

03 레이어를 병합하고 혼합 모드로 합성한다

[Ctrl]+[Alt]+[Shift]+[E]를 눌러 병합한 레이어를 추가하고, 병합된 레이어의 혼합 모드를 [소프트 라이트]로 변경하여 **7** 인물의 대비를 높입니다 **8**.

04 인물을 그레이디언트로 칠한다

메뉴바에서 [선택] → [색상 범위]를 선택한 후 [선택: 밝은 영역], [허용량: 44%], [범위: 172]로 적용하여 인물의 밝은 부분을 선택 영역으로 지정합니다 **9** **10**. 메뉴바에서 [레이어] → [새 칠 레이어] → [그레이디언트]를 실행한 후 그레이디언트 색상을 [R 0, G 126, B 255]에서 [R 252, G 104, B 163]으로 설정하고 **11**, [스타일: 선형]으로 그림처럼 적용합니다 **12**. 레이어 혼합 모드는 [선명한 라이트]로 변경합니다 **13** **14**.

ONE POINT

원본 이미지의 대비나 밝은 영역 부분을 보정함으로써 완성본의 인상을 크게 바꿀 수도 있습니다.

117

무미건조한 사진을 경쾌하게 바꾸기

피사체가 가진 입체감을 강조하면서 디테일을 줄입니다.

Ps 예제 파일 | 117_base.jpg

01 손의 주름과 질감을 흐리게 만들어 없앤다

예제 파일을 열고 복제합니다 **1**. 메뉴바에서 [필터] → [흐림 효과] → [가우시안 흐림 효과]를 선택한 후 [반경: 20픽셀]로 적용하면 **2** 손의 주름과 질감이 흐리게 처리됩니다 **3**. 원본 이미지를 추가로 복제하고, 복제된 레이어를 맨 위로 옮긴 후 메뉴바에서 [필터] → [기타] → [하이 패스]를 선택한 후 [반경: 14픽셀] 정도로 적용하여 윤곽을 추출합니다 **4**.

02 질감과 주름이 돋보이지 않게 한다

[하이 패스]가 적용된 레이어의 혼합 모드를 [선형 라이트]로 변경하여 흐리게 처리한 이미지와 겹칩니다 **5**. [레이어 마스크 추가]를 실행하고, [브러시 도구]를 [부드러운 원], [불투명도: 40%], [전경색: 검은색]으로 설정한 후 화면에서 손 위를 덧그려 마스크로 가립니다 **6**. 마스크로 불투명하게 처리한 부분이 흐리게 처리되어 피부의 질감이나 주름이 매끄러워집니다 **7**.

03 손가락의 일부를 밝게 한다

메뉴바에서 [레이어] → [새 칠 레이어] → [단색]을 실행하여 회색(R 134, G 134, B 134)으로 채우고, 혼합 모드를 [오버레이]로 변경합니다. 칠 레이어에서 마우스 우클릭한 후 [레이어 래스터화]를 실행하고, [브러시 도구]를 [부드러운 원], [불투명도: 40%], [전경색: 흰색]으로 설정한 후 손의 입체감을 강조하기 위해 밝은 영역을 흰색으로 덧칠합니다 **8**. 칠한 부분이 하얗게 밝아집니다 **9**.

04 레벨 보정으로 대비를 높인다

이미지를 또렷하게 보정하기 위해 메뉴바에서 [레이어] → [새 조정 레이어] → [레벨]을 실행한 후 [속성] 패널에서 그림처럼 보정하여 전체의 대비를 높입니다 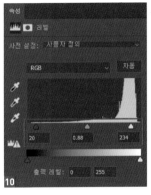 .

05 강조된 가장자리로 전체를 변형한다

메뉴바에서 [레이어] → [배경으로 이미지 병합]을 실행하고, 메뉴바에서 [필터] → [필터 갤러리] → [브러시 획] → [강조된 가장자리]를 선택한 후 그림처럼 적용합니다 . 윤곽이 조금 둥그스름하게 보정됩니다 . 필터를 적용한 후 레이어를 복제하고 혼합 모드를 [소프트 라이트]로 변경하여 전체적으로 밝게 합니다 .

06 손과 배경을 오려내고 배경을 칠한다

[Ctrl] + [Alt] + [Shift] + [E]를 눌러 병합한 레이어를 추가한 후 [자유 선택 도구] 등을 사용하여 배경을 선택해서 삭제합니다. 새 레이어를 추가한 후 옅은 물색으로 채우고, 병합한 레이어 아래에 배치합니다 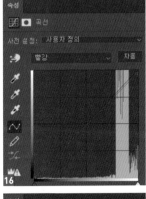. 메뉴바에서 [레이어] → [새 조정 레이어] → [곡선]을 실행하여 그림처럼 설정한 후 맨 위에 배치합니다 ~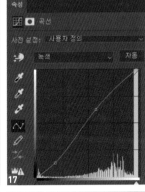.

ONE POINT

이미지 보정이 너무 지나치면 디테일이 심하게 뭉개지므로 주의해야 합니다. 즉, 필터를 적용할 때는 이미지의 크기나 상태에 맞춰서 적절한 수치로 설정하는 것이 포인트입니다.

FLC 4th Full length video

2018,Nov Release

starring

Junn Shimizu / Leo Takeishi / Goh Okuno / Hitoshi Tateishi / Hiroaki Kobayashi / Koji Nishida
Motokuni Sakai / Hirotsugu Kojima / Kenichi Toshino / Photographer: DICEK Photographic / Designer: AMSY

백지 상태에서 우주 만들기

118

노이즈, 흐림 효과, 구름 효과 등 여러 필터를 이용하여 성운을 표현하고,
빛의 연출로 우주를 표현합니다.

01 노이즈 필터로 밤하늘을 만든다

[폭: 3000픽셀], [높이: 2000픽셀], [해상도: 72
픽셀/인치]로 새 문서를 만들고 검은색으로 채
웁니다. 메뉴바에서 [필터] → [노이즈] → [노이
즈 추가]를 선택한 후 [양: 30%], [분포: 가우시
안]으로 적용하면 ① 무수한 별이 있는 하늘처
럼 보입니다. 레이어를 복제하고 메뉴바에서 [편
집] → [자유 변형]을 실행한 후 ② 가로세로 비
율을 고정한 채 [250%]로 확대합니다 ③. 레이
어의 혼합 모드를 [스크린]으로 변경합니다. 이
로써 크기가 다양한 별이 있는 하늘이 연출됩니
다. 메뉴바에서 [레이어] → [새 조정 레이어] →
[레벨]을 실행한 후 그림처럼 보정하면 ④ 별의
개수가 확연히 줄어든 것처럼 보입니다 ⑤.

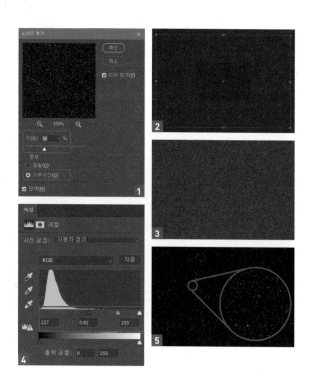

02 브러시 도구로 컬러풀한 원을 그린다

새 레이어를 추가한 후 녹색(R 2, G 87, B 58), 다크블루(R 5, G 5, B 160), 보라(R 150, G 0, B 212), 녹청(R 2, G 149, B 160) 4가지 색으로 크고 작은 원을 그립니다 **6**. 원을 그릴 때는 **[브러시 도구]**를 **[부드러운 원]**으로 설정하고 화면을 클릭하는 방식으로 표현하며, 한쪽으로 치우치지 않게 그려야 합니다. 이어서 메뉴바에서 **[필터]** → **[흐림 효과]** → **[방사형 흐림 효과]**를 선택한 후 **[양: 100]**으로 그림처럼 적용하여 **7** 색상을 뒤섞습니다 **8**. 메뉴바에서 **[필터]** → **[흐림 효과]** → **[가우시안 흐림 효과]**를 선택한 **[반경: 190픽셀]**로 적용하여 전체를 흐리게 처리합니다 **9** **10**.

03 구름 효과 필터로 성운의 바탕을 만든다

맨 위에 새 레이어를 추가하고 검은색으로 채웁니다. 전경색은 검은색, 배경색은 흰색으로 설정하고 메뉴바에서 **[필터]** → **[렌더]** → **[구름 효과 1]**을 실행하고 **11**, **[필터]** → **[렌더]** → **[구름 효과 2]**를 2회 실행하여 성운 느낌을 만듭니다 **12**. 혼합 모드를 **[색상 닷지]**로 변경하여 아래에 있는 레이어와 겹칩니다 **13**.

04 뒤틀기로 레이어를 변형한다

4색 원으로 표현한 레이어를 선택하고 메뉴바에서 **[편집]** → **[변형]** → **[뒤틀기]**를 실행한 후 그림처럼 모퉁이를 바깥쪽으로 드래그하여 전체를 일그러뜨립니다 **14**. 메뉴바에서 **[편집]** → **[퍼펫 뒤틀기]**를 이용하여 세세한 부분을 보정하면서 그림과 같은 느낌으로 표현합니다 **15** **16**. 구름 효과 레이어를 선택한 후 **[필터]** → **[왜곡]** → **[돌리기]**를 적용해도 좋습니다.

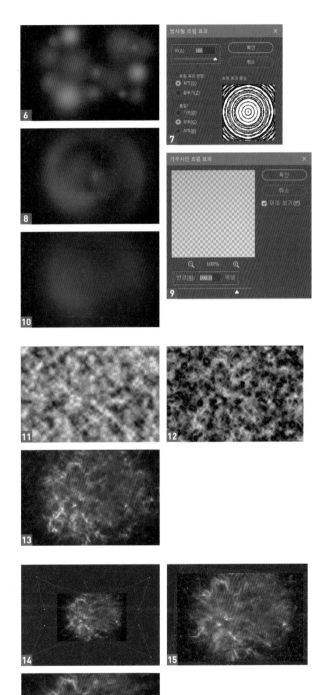

05 레이어 마스크로 농담을 나타낸다

[레이어] 패널에서 구름 효과 레이어를 선택하고 [레이어 마스크 추가]를 실행한 후 [브러시 도구] (부드러운 원)를 사용하여 불필요한 부분을 마스크 처리하여 가리면서 진한 부분과 연한 부분을 표현합니다 17 18. 별이 표현된 레이어에서도 [레이어 마스크 추가]를 실행하여 별의 농담을 표현합니다 19 20.

06 흰색 원을 그려 성운의 일부를 강조한다

[레이어] 패널에서 맨 위에 새 레이어를 추가한 후 [브러시 도구](부드러운 원)를 사용하여 그림과 같이 흰색으로 칠합니다 21. 메뉴바에서 [필터] → [흐림 효과] → [가우시안 흐림 효과]를 선택한 후 [반경: 100픽셀]로 적용하고 22, 레이어의 혼합 모드를 [스크린]으로 변경하고, 메뉴바에서 [레이어] → [클리핑 마스크 만들기]를 실행하면 성운의 일부가 강조됩니다 23.

07 전체의 붉은 기와 채도를 조정한다

[레이어] → [새 조정 레이어] → [곡선]을 실행한 후 그림처럼 보정하여 전체의 대비를 높이면서 동시에 푸른 기를 억제합니다 24 25. 마지막으로 메뉴바에서 [레이어] → [새 조정 레이어] → [포토 필터]를 실행한 후 [필터: Warming Filter(85)], [밀도: 38%]로 적용하여 전체적으로 붉은 기를 늘리고 채도를 낮춥니다 26 27.

ONE POINT

성운의 형태나 색감 보정은 02번 단계에서 표현하기에 따라 다르며, 한 번으로 제대로 되지 않을 수 있으므로, 고급 개체로 변경한 후 필터를 적용하는 방식으로 수정이 용이하게 작업하는 것이 좋습니다

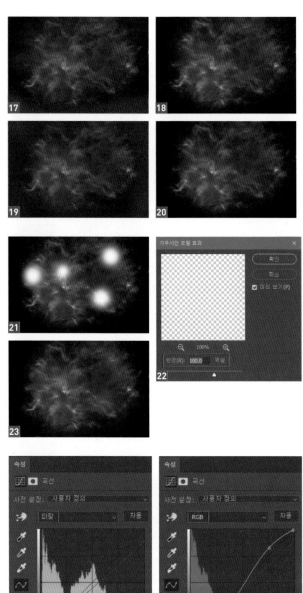

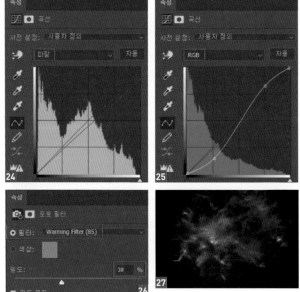

119
대리석 무늬 만들기

구름 효과와 가장자리 찾기 필터로 배경을 만들고, 흐림 효과 필터로 대리석의 질감을 표현합니다.

01 배경 무늬를 만든다

[폭: 3500픽셀], [높이: 2480픽셀], [해상도: 300픽셀/인치]로 새 문서를 만듭니다. 새 레이어를 추가한 후 검은색으로 채우고, 전경색은 검은색, 배경색은 흰색으로 설정한 후 메뉴바에서 [필터] → [렌더] → [구름 효과 1]을 적용합니다 . 이어서 메뉴바에서 [필터] → [스타일화] → [가장자리 찾기]를 실행하여 배경 무늬를 만듭니다 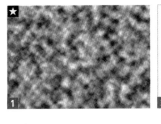.

02 흐림 효과 필터로 돌의 질감을 만든다

메뉴바에서 [이미지] → [조정] → [레벨]을 선택한 후 그림처럼 보정하여 무늬를 돋보이게 합니다 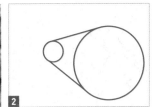. 이어서 메뉴바에서 [필터] → [흐림 효과] → [가우시안 흐림 효과]를 선택한 후 [반경: 3픽셀]로 적용하여 전체를 흐리게 처리하면 희미하게 무늬가 떠오른 돌의 질감이 표현됩니다 .

03 칠 레이어로 무늬를 또렷하게 한다

새 레이어를 추가한 후 검은색으로 채우고, 전경색을 검은색, 배경색을 흰색으로 설정한 후 메뉴바에서 [필터] → [렌더] → [구름 효과 2]를 2회 실행합니다 . 메뉴바에서 [이미지] → [조정] → [레벨]을 선택하여 그림처럼 보정하면 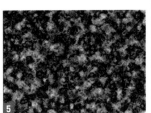 무늬의 윤곽이 또렷해집니다 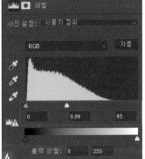. 혼합 모드를 [선형 번]으로 변경하여 [구름 효과 1]이 적용된 레이어와 겹칩니다 .

ONE POINT

[구름 효과 1]과 [구름 효과 2]는 랜덤한 무늬를 만들 때 빼놓을 수 없는 필터 중 하나입니다. 우주나 용암 등 자연계에 존재하는 것을 표현하고 싶을 때 텍스처로서 그대로 사용할 수도 있고, 재질이나 패턴으로 등록해 3D나 기타 텍스처의 소재로 이용할 수도 있습니다.

120
용암 무늬 만들기

구름 효과 필터와 브러시로 바탕이 되는 무늬를 만들고, 빨강으로 칠한 레이어와 비닐랩 필터로 용암 느낌의 무늬를 만듭니다.

01 구름 효과 필터로 무늬를 만든다

[폭: 297mm], [높이: 210mm], [해상도: 300 픽셀/인치]로 새 문서를 만들고, 전경색은 검은색, 배경색은 흰색으로 설정한 후 메뉴바에서 [필터] → [렌더] → [구름 효과 2]를 여러 번 적용하여 랜덤한 무늬를 만듭니다 . 여기에서는 8회 실행했습니다.

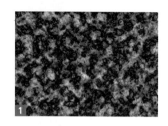

02 브러시 도구를 설정한다

새 레이어를 추가하고 [브러시 도구](부드러운 원)를 선택한 후 전경색을 빨강(R 255, G 0, B 0)으로 변경합니다. [브러시 설정] 패널에서 [모양]을 클릭하고 [크기 지터: 35%]  로, [분산]을 클릭하고 [분산: 313%]  로, [색상]을 클릭하고 [전경/배경 지터: 25%], [색조 지터: 15%]로 설정합니다 . 빨간색~노란색의 랜덤한 색이 채워지도록 설정되었습니다.

03 빨간색으로 칠한 레이어를 만든다

화면을 여러 번 덧칠하면서 빨간색~노란색의 랜덤한 색으로 채우고, [브러시 설정] 패널의 [색상]에서 [전경/배경 지터: 100%]로 변경하여 다시 덧칠하면서 밝은 색도 추가합니다 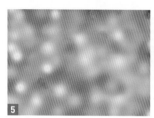. 랜덤한 색으로 칠한 레이어의 혼합 모드를 [선형 번]으로 변경하여 구름 무늬와 겹칩니다 .

04 중간색과 밝은 영역을 밝게 한다

메뉴바에서 [레이어] → [새 조정 레이어] → [곡
선]을 실행한 후 [속성] 패널에서 그림처럼 보정
하여 어두운 영역을 유지하면서 전체를 밝게 만
듭니다 **7**. 계속해서 [레이어] → [새 조정 레이
어] → [레벨]을 실행한 후 그림처럼 보정하여 중
간색과 밝은 영역만 밝게 합니다 **8 9**.

05 색상 범위로 빨간색 부분만 선택한다

Ctrl + Alt + Shift + E를 눌러 병합한 레이어
를 추가하고, 고급 개체로 변환합니다. 메뉴바에
서 [선택] → [색상 범위]를 선택한 후 그림처럼
설정하고, 무늬에서 검은색 부분을 클릭하고 선
택 영역으로 지정합니다 **10**. 검은색 부분만 선택
된 상태로 메뉴바에서 [선택] → [반전]을 실행하
여 빨간색 부분만 선택합니다 **11**.

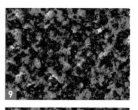

06 비닐랩 필터로 용암 느낌을 더한다

메뉴바에서 [필터] → [필터 갤러리] → [예술 효
과] → [비닐랩]을 선택한 후 [밝은 영역 강도:
20], [세부: 10], [매끄러움: 3]으로 적용하여 **12**
빨간색 부분에만 효과를 적용합니다. 메뉴바에
서 [레이어] → [새 조정 레이어] → [곡선]을 실
행한 후 [속성] 패널에서 그림처럼 설정하면 **13**
14 전체의 붉은 기와 밝기가 높아집니다 **15 16**.

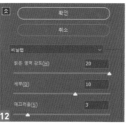

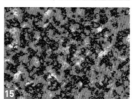

수묵화 느낌의 브러시 만들기

121

기존의 브러시 사전 설정을 커스터마이징하여 먹의 질감을 내는 브러시를 만듭니다.

01 바탕이 되는 브러시를 선택한다

새 문서를 만들고, 최신 버전이면 [브러시] 패널에서 [레거시 브러시]를 추가한 후 [분필 60픽셀]을 선택합니다 **1**. 전경색을 [R 105, G 105, B 105]로 변경하고, [브러시 도구]의 옵션바에서 [흐름: 40%]로 설정하고 칠합니다 **2**.

02 크기와 각도 지터를 변경한다

[브러시 설정] 패널에서 [모양]을 클릭하고, [크기 지터: 20%], [각도 지터: 15%]로 변경하면 **3** 가장자리가 조금 부드러워집니다 **4**. [분산]을 클릭하고 [분산: 15%], [개수 지터: 20%]로 변경하면 **5** 거친 질감이 더해집니다 **6**.

03 불투명도와 플로우 지터를 변경한다

[전송]을 클릭하고 [불투명도 지터: 37%], [플로우 지터: 38%]로 변경하면 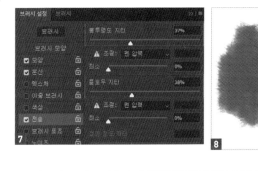[7] 잉크에 농담이 더해지면서 원하는 브러시에 꽤 가까워졌습니다 [8]. 참고로 [전송]의 불투명도 및 플로우에서 [조절]을 [펜 압력]이나 [펜 기울기]로 설정하면 펜 태블릿을 이용했을 때 재현성이 높아집니다.

04 브러시의 모드를 곱하기로 변경한다

[브러시 도구]의 옵션바에서 [모드: 곱하기]로 설정하면 [9] 농담이 강조됩니다. 이것으로 수묵화 느낌의 브러시가 완성되었습니다 [10].

05 브러시의 크기와 흐름을 세세히 조절하면서 그린다

수묵화 느낌으로 그림을 그릴 때는 연하게 큰 범위부터 그리기 시작하고 [11]. 세세한 부분을 덧칠하는 느낌으로 그립니다 [12]. 이로써 수묵화에 가까운 분위기를 낼 수 있습니다 [13]. 브러시의 크기나 흐름을 세세하게 바꾸면서 그리는 것도 중요합니다.

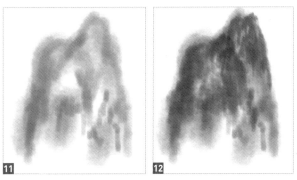

2018ア.3
22:00 ON AI
NXX チャンネル5

STAFF//
[脚本 / 監督] 渡部寿明
[CG 監督]KAZUYA
[アニメーション]Production PO
[シリーズ構成] 吉弘明
[ナレーション] 渡辺幸太郎

ANIMAL PICTS

파티클 효과 연출하기

122

원본 이미지의 윤곽선을 이용하여 피사체에 잘 어우러지는 파티클(입자)을 만듭니다.

Ps 예제 파일 | 122_base.jpg

01 대상물을 오려내어 흑백으로 바꾼다

예제 파일을 열고 **1**, [자동 선택 도구] 등을 사용하여 호랑이만 선택해서 복제하고, [배경] 레이어는 숨깁니다 **2**. 메뉴바에서 [레이어] → [새 조정 레이어] → [한계값]을 실행하고, [속성] 패널에서 그림처럼 적용하여 **3** 흑백 이미지로 변환합니다 **4**.

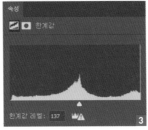

02 메조틴트 필터로 흰색 입자를 만든다

메뉴바에서 [선택] → [색상 범위]를 선택한 후 그림처럼 설정하고, 호랑이의 흰색 부분을 클릭하여 선택 영역으로 지정합니다 . 새 칠 레이어 등을 이용해 선택 영역을 검은색으로 채우고, 메뉴바에서 [필터] → [픽셀화] → [메조틴트]를 선택한 후 [유형: 거친 점]으로 적용하면 6 검은색으로 칠한 부분이 세밀한 입자 상태로 바뀝니다 7.

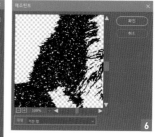

03 배경을 검은색으로 칠한다

메뉴바에서 [선택] → [색상 범위]를 선택한 후 앞서와 같은 설정으로 흰색 입자를 클릭하여 선택 영역으로 지정한 후 복제합니다. 새 칠 레이어 등을 이용해 검은색으로 채운 레이어를 추가하고, 선택 영역이 복제된 레이어 아래에 배치하여 배경으로 사용합니다 8 9.

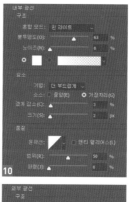

04 레이어 스타일로 입자를 빛나게 한다

흰색 입자 레이어를 복제한 후 메뉴바에서 [레이어] → [레이어 스타일] → [내부 광선]을 선택한 후 그림처럼 설정합니다 10. 효과 중 [외부 광선]을 선택한 후 그림처럼 적용하여 11 입자를 빛나게 표현합니다 12. 메뉴바에서 [필터] → [흐림 효과] → [가우시안 흐림 효과]를 선택한 후 [반경: 30픽셀]로 적용하여 13 어렴풋한 인상으로 바꿉니다 14.

05 구름 효과 필터로 얼룩 무늬를 만든다

새 레이어를 추가한 후 호랑이를 오려낸 레이어를 활용하여 선택 영역을 지정합니다([Ctrl]을 누른 채 이미지가 있는 레이어의 축소판 클릭). 메뉴바에서 [선택] → [수정] → [페더]를 선택한 후 [페더 반경: 30픽셀]로 적용하여 선택 영역의 경계선을 흐리게 만들고, 흰색으로 채웁니다 15. 전경색을 검은색, 배경색을 흰색으로 설정하고 메뉴바에서 [필터] → [렌더] → [구름 효과 1]과 16 [구름 효과 2]를 여러 차례 적용하여 얼룩 무늬를 표현합니다 17. 레이어의 혼합 모드를 [색상 닷지]로 변경하여 앞서 만든 레이어와 겹칩니다 18.

06 변형 도구로 얼룩 무늬를 일그러뜨린다

얼룩 무늬 레이어를 복제하고, 복제된 레이어의 혼합 모드를 [나누기]로 변경합니다 19. 메뉴바에서 [편집] → [변형] → [뒤틀기]를 실행한 후 그림처럼 변형합니다 20. 추가로 왼쪽 위쪽으로의 흐름을 강조하기 위해 [편집] → [퍼펫 뒤틀기]를 실행한 후 전체를 위로 끌어올립니다. 테두리 부분을 클릭해서 여러 개의 핀을 추가한 후 위쪽으로 드래그하면 됩니다 21. 이로써 푸르스름한 불꽃이 위쪽으로 흘러가는 느낌이 됩니다 22.

07 레이어 스타일로 빛이 나게 한다

흰색 입자 레이어를 맨 위로 옮기고, 메뉴바에서 [필터] → [흐림 효과] → [가우시안 흐림 효과]를 선택한 후 [반경: 1픽셀]로 적용하여 23 전체를 약간 흐리게 처리합니다. 추가로 앞서 04번 단계와 같은 방법으로 [레이어 스타일] 창에서 [내부 광선]과 [외부 광선]을 적용하여 빛이 나게 합니다 24.

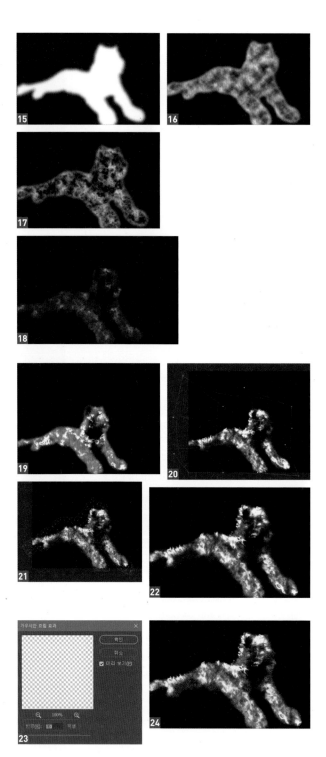

08 레이어 마스크로 일부분이 보이게 한다

처음에 오려낸 호랑이 레이어를 맨 위로 옮깁니
다  . 앞서 검은색 부분만 선택하여 검은색
으로 채운 레이어를 이용해 선택 영역을 지정한
후 Ctrl + I 를 눌러 선택 영역을 반전하고, [레
이어 마스크 추가]를 실행합니다 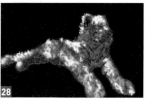. 이렇게 하
면 호랑이의 일부분이 보이게 됩니다 .

09 혼합 모드와 곡선으로 전체를 어우러지 게 한다

만든 레이어 마스크에서 마스크 처리 부분을 적
절하게 변경하여 호랑이 이미지와 텍스처가 자
연스럽게 어우러지게 하고 , 레이어의 혼합 모
드를 [선형 닷지(추가)]로 변경하여 파티클을 강
조합니다 . 마지막으로 메뉴바에서 [레이어]
→ [새 조정 레이어] → [곡선]을 실행한 후 그림
처럼 보정하여   전체에 강약을 주면서 파
란색을 강조합니다 .

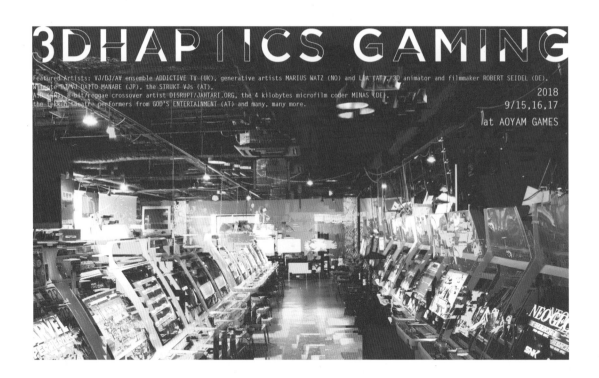

123
글리치 느낌의 이미지 만들기

이미지에 노이즈가 끼거나 화면이 깨지는 글리치 효과를 타일 필터와 조정 레이어로 재현합니다.

Ps 예제 파일 | 123_base.jpg

01 **곡선과 색상 균형으로 푸른 기를 높인다**
예제 파일을 엽니다 1. 메뉴바에서 [레이어] → [새 조정 레이어] → [곡선]을 실행한 후 그림처럼 설정하고 2. [레이어] → [새 조정 레이어] → [색상 균형]을 실행한 후 그림처럼 설정하여 3 4 5 색감을 파랗게 보정해서 글리치 처리를 했을 때 미래 느낌이 나도록 합니다 6.

02 이미지를 복제하여 겹친다

원본 이미지를 복제한 후 복제된 레이어의 혼합
모드를 [스크린]으로 변경하여 겹칩니다.
Ctrl + Alt + Shift + E를 눌러 병합한 레이어
를 추가하고, 고급 개체로 변환한 후 [레이어] 패
널에서 맨 위로 옮깁니다 7.

03 타일 필터를 적용하여 노이즈를 더한다

메뉴바에서 [필터] → [스타일화] → [타일]을 선
택한 후 [타일 수: 10], [최대 오프셋: 30%], [원
본 이미지]로 적용하여 8 이미지를 무작위로
분할합니다 9. [타일] 필터를 2회 더 적용하여
(총 3회) 이미지를 분할하면 10 노이즈가 낀 듯
한 분위기가 됩니다 11.

04 색조/채도로 붉은 기를 키운다

이미지를 겹칠 때 글리치 부분을 쉽게 볼 수 있
도록 메뉴바에서 [레이어] → [새 조정 레이어]
→ [색조/채도]를 실행한 후 그림처럼 적용하여
12 이미지를 빨간색 계열로 보정합니다 13.

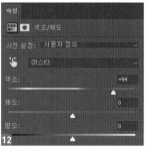

05 그레이디언트 맵을 추가한다

메뉴바에서 [레이어] → [새 조정 레이어] → [그
레이디언트 맵]을 실행한 후 그림처럼 파란색,
주황색, 노란색으로 설정하여 14 이미지에 계조
를 부여합니다 15. [그레이디언트 맵] 조정 레이
어와 [타일] 필터를 적용한 레이어를 병합하고
(Ctrl + E), 혼합 모드를 [밝은 색상]으로 변경
합니다 16.

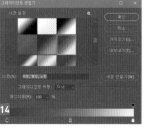

글리치 효과로
전위적인 비주얼 만들기

124

이미지 데이터가 일부 파손된 것처럼 이미지 일부가 잘린 글리치 효과를 파형 필터로 만들어 봅니다.

Ps 예제 파일 | 124_base.psd

01 극단적으로 샤프 처리를 한다

예제 파일을 엽니다 **1**. 메뉴바에서 [필터] →
[고급 필터용으로 변환]을 실행하여 고급 개체로
변환하고 레이어 이름을 [슬라이스 사진]으로 변
경합니다 **2**. 메뉴바에서 [필터] → [선명 효과]
→ [언샵 마스크]를 선택한 후 [양: 400%], [반
경: 2.5픽셀], [한계값: 0]으로 적용하면 **3** 극단
적으로 샤프 처리되어 아날로그 이미지 같은 느
낌이 추가됩니다 **4**.

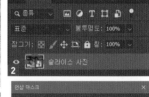

02 파형 필터로 이미지를 자른다

메뉴바에서 [필터] → [왜곡] → [파형]을 선택한
후 [유형: 사각파], [제너레이터 수: 2]로 설정하
고, [파장]은 [최소: 1], [최대: 800], [진폭]은 [최
소: 20], [최대: 80], [비율]은 [수평: 100%], [수
직: 1%]로 적용합니다 **5**. 수평 방향으로만 직선
적인 파형이 더해져 이미지가 랜덤하게 잘린 결
과물이 표현됩니다 **6**.

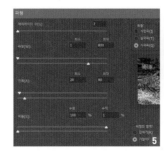

03 파형 필터로 일그러짐을 더한다

한 번 더 [필터] → [왜곡] → [파형]을 선택한 후
[유형: 사인파], [제너레이터 수: 2], [파장]을 [최
소: 1], [최대: 120], [진폭]을 [최소: 20], [최대:
80], [비율]을 [수평: 30%], [수직: 1%]로 적용합
니다 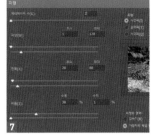. 이렇게 하면 이미지가 파형으로 일그러
집니다 .

04 채널의 엇갈림을 표현하기 위해 레이어 를 복제한다

[슬라이스 사진] 레이어를 복제하고, 복제된 레
이어 이름을 [채널 합성]으로 변경합니다. [채널
합성] 레이어의 고급 필터 항목 중 맨 위에 있는
[파형]을 [레이어] 패널의 휴지통 아이콘으로 드
래그해서 삭제합니다  .

05 레이어의 표시 채널을 제한하여 엇갈림 을 표현한다

[레이어] 패널에서 [채널 합성] 레이어를 더블 클
릭하여 [레이어 스타일] 창에서 [혼합 옵션]을 열
고, [채널] 중 [R]의 체크를 해제하고 적용합니다
. 이렇게 하면 앞서 삭제한 [파형] 필터의 차이
값이 RGB 색상의 엇갈림으로 나타납니다 .

06 전체의 색조를 보정한다

메뉴바에서 [레이어] → [새 조정 레이어] → [색
상 검색]을 실행한 후  [속성] 패널에서
[3DLUT 파일: Fuji ETERNA 250D Fuji
3510(by Adobe).cube로 설정합니다 . 이
로써 전체의 색조가 보정되어 이미지의 인상이
강해집니다 .

실루엣과 생생한 색감으로 임팩트 주기

125

한계값을 적용한 사진에 생생한 색감을 겹쳐서 인상적인 비주얼을 만듭니다.
텍스처 등을 합성하여 분위기를 높이는 것도 좋습니다.

Ps 예제 파일 | 125_base.psd, 125_texture1.psd, 125_texture2.psd

01 사진에 한계값을 적용한다

예제 파일을 열고, 메뉴바에서 [필터] → [고급 필터용으로 변환]을 실행합니다 **1**. 메뉴바에서 [이미지] → [조정] → [한계값]을 선택한 후 변화를 확인하면서 [한계값 레벨] 수치를 조절한 후 적용합니다 **2 3**. 수치가 클수록 어두운 영역의 범위가 늘어나며, 여기서는 [120]으로 설정했습니다.

02 흰색 부분을 분홍색으로 바꾼다

메뉴바에서 [레이어] → [레이어 스타일] → [색상 오버레이]를 선택한 후 [색상: R 240, G 90, B 160], [혼합 모드: 곱하기], [불투명도: 100%]로 설정하고 [확인]을 클릭하여 적용하면 **4** 이미지에서 흰색 범위가 분홍색으로 바뀝니다 **5**.

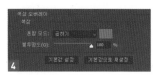

03 스플래터 텍스처를 만든다

종이에 물감을 흩뿌린 사진을 엽니다(125_texture1.psd) 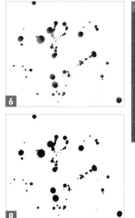. 실습용 이미지는 일부 농도 차이가 있으므로 보정이 필요합니다. 메뉴바에서 [이미지] → [조정] → [흑백]을 선택한 후 그림처럼 설정한 후 적용합니다 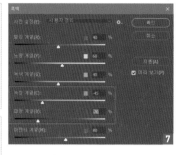. 원본에서 색이 연한 범위는 파란색으로 표현되었기에 [녹청 계열]이나 [파랑 계열]의 수치를 낮춰서 전체적으로 검게 보정했습니다 .

04 스플래터 텍스처를 겹친다

완성한 텍스처를 전체 선택해서 복사한 후 작업 중이던 문서에 붙여넣고 이름을 [스플래터 텍스처]로 변경합니다 . 혼합 모드를 [곱하기]로 변경하고 적절하게 위치를 변경합니다 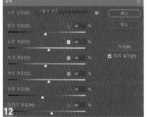.

05 노이즈 텍스처를 만든다

이번에는 거리의 아스팔트 사진을 엽니다(125_texture2.psd) . 이것을 노이즈 텍스처로 이용하기 위해 메뉴바에서 [이미지] → [조정] → [흑백]을 선택한 후 기본 설정으로 적용하고 , 메뉴바에서 [이미지] → [조정] → [레벨]을 선택한 후 그림처럼 적용하여 전체의 대비를 높입니다  . 흰색 범위가 많으면 합성 시 노이즈가 강하게 도드라지므로 검은 범위가 많아지도록 보정했습니다.

06 노이즈 텍스처를 겹친다

노이즈 텍스처 이미지를 전체 선택해서 복사한 후 작업 중이던 문서에 붙여넣고, 이름을 [노이즈 텍스처]로 변경한 후 혼합 모드를 [소프트 라이트]로, [불투명도: 30%] 정도로 설정합니다 .

126
어두운 영역에
줄무늬
합성하기

어두운 영역에만 패턴을 합성하여 개성
적인 비주얼을 만듭니다. 레이어 마스
크를 이용해 농도에 맞게 합성합니다.

Ps 예제 파일 | 126_base.psd, 126_
pattern.psd

01 줄무늬 패턴을 등록한다

[126_pattern.psd] 파일을 열고 **1**, 메뉴바에
서 [편집] → [패턴 정의]를 선택한 후 [이름: 합
성용 스트라이프]로 등록합니다 **2**.

02 밑바탕용 단색 레이어를 추가한다

[126_base.psd] 파일을 엽니다 **3**. 메뉴바에
서 [레이어] → [새 칠 레이어] → [단색]을 선택
한 후 [이름: 베이스 색상]으로 실행하고, 색상을
[R 190, G 195, B 200]으로 적용하여 회색
칠 레이어를 추가합니다 **4**.

03 사진에 패턴 레이어를 추가한다

메뉴바에서 [레이어] → [새 칠 레이어] → [패턴]을 선택한 후 [이름: 스트라이프 패턴], [모드: 곱하기]로 실행한 후 [패턴 칠] 창에서 앞서 등록한 패턴을 선택하고 [확인]을 클릭해서 적용합니다 **5** **6**.

04 패턴의 레이어 마스크에 배경 이미지를 나타낸다

[스트라이프 패턴] 레이어의 레이어 마스크 축소판을 더블클릭해 선택합니다 **7**. 메뉴바에서 [이미지] → [이미지 적용]을 선택한 후 [레이어: 배경], [채널: RGB], [혼합: 표준], [반전]에 체크한 후 적용합니다 **8**. 배경 이미지가 레이어 마스크에 나타납니다 **9**.

05 레이어 마스크의 이미지를 보정한다

[스트라이프 패턴] 레이어의 레이어 마스크 축소판을 선택한 채 메뉴바에서 [이미지] → [조정] → [레벨]을 선택한 후 그림처럼 적용하여 **10** 전체의 대비를 높입니다 **11**.

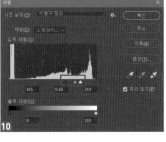

06 배경 레이어를 겹쳐 디테일을 보완한다

[배경] 레이어를 선택하고 메뉴바에서 [레이어] → [새로 만들기] → [복사한 레이어]를 실행하여 복제합니다. 복제된 레이어를 맨 위로 옮긴 후 혼합 모드를 [소프트 라이트], [불투명도: 70%]로 변경합니다 **12** **13**. 취향에 따라 패턴의 종류를 바꾸거나 레이어의 불투명도를 조절해도 좋습니다.

낮은 망점 수의 흑백 인쇄 연출하기

127

신문의 사진에서 볼 수 있는 거친 망점을 여러 혼합 모드와 색상 하프톤 필터로 재현합니다.

Ps 예제 파일 | 127_base.psd, 127_texture.psd

01 **사진을 흑백으로 변환한다**
[127_base.psd] 파일을 열고 메뉴바에서 [필터] → [고급 필터용으로 변환]을 실행합니다 **1**. 메뉴바에서 [이미지] → [조정] → [흑백]을 선택한 후 기본 설정으로 적용하여 흑백 사진으로 변환합니다 **2 3**. [Ctrl]+[J]를 눌러 레이어를 2회 복제하고, 레이어 이름을 위에서부터 [밝기 조정], [대비 강조], [망점]으로 변경하고, [망점] 레이어만 [눈] 아이콘을 켭니다 **4**.

02 **색상 하프톤으로 인쇄의 망점을 표현한다**
[망점] 레이어를 선택하고, 메뉴바에서 [필터] → [픽셀화] → [색상 하프톤]을 선택한 후 [최대 반경: 5픽셀], 나머지는 모두 [45]로 적용합니다 **5**. 이미지 전체에 인쇄물 같은 망점이 표현됩니다 **6**.

03 원본의 디테일을 합성해 대비를 높인다

망점에 의해 전체가 흐리게 보이므로, 대비를 강조하여 이미지를 좀 더 선명하게 표현하겠습니다. [대비 조정] 레이어의 [눈] 아이콘을 켜고, 혼합 모드를 [오버레이]로 변경합니다 **7**. 디테일을 합성함으로써 강약이 생겨 이미지가 더욱 선명해졌습니다 **8**.

04 원본의 디테일을 합성해 밝기를 높인다

이번에는 디테일을 합성하여 밝기를 보정하겠습니다. [밝기 조정] 레이어의 [눈] 아이콘을 켜고, 혼합 모드를 [스크린]으로 변경합니다. 전체가 밝아지면서 이미지는 더욱 선명해집니다. 너무 밝다면 [불투명도]를 조절합니다. 여기서는 [60%]로 설정했습니다 **9** **10**.

05 크래프트지의 텍스처를 겹친다

[밝기 조정] 레이어를 선택하고 메뉴바에서 [파일] → [포함 가져오기]를 선택한 후 크래프트지의 텍스처 이미지(127_texture.psd)를 선택해서 가져오고, [Enter]를 눌러 배치합니다 **11**. 크래프트지 레이어의 혼합 모드를 [곱하기]로 설정하여 **12** 종이의 질감을 합성함으로써 인쇄물 같은 인상이 강해졌습니다 **13**.

06 전체의 색감을 보정한다

크래프트지 레이어를 선택한 상태로 메뉴바에서 [레이어] → [새 조정 레이어] → [색상 검색]을 실행하고 **14**. [속성] 패널에서 [3DLUT 파일: filmstock_50.3dl]로 설정합니다 **15**. 전체가 살짝 노랗게 보정됩니다. [레이어] 패널에서 [불투명도: 50%]로 변경하여 음영의 강도를 조절합니다 **16**.

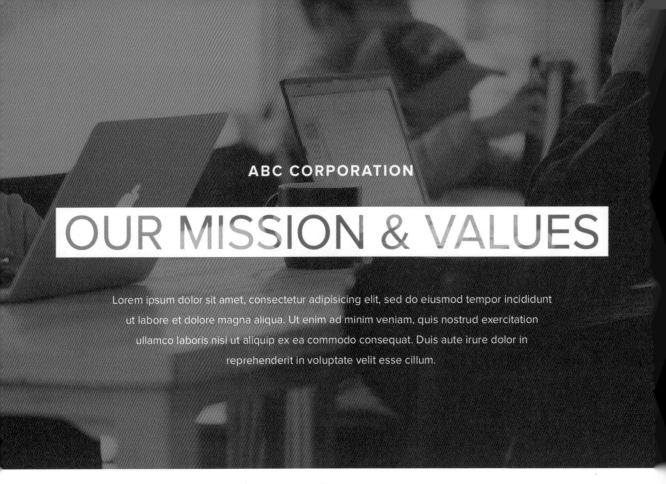

ABC CORPORATION

OUR MISSION & VALUES

Lorem ipsum dolor sit amet, consectetur adipisicing elit, sed do eiusmod tempor incididunt
ut labore et dolore magna aliqua. Ut enim ad minim veniam, quis nostrud exercitation
ullamco laboris nisi ut aliquip ex ea commodo consequat. Duis aute irure dolor in
reprehenderit in voluptate velit esse cillum.

세련된 듀오톤 이미지 연출하기 128

외국 웹사이트 등에서 쉽게 볼 수 있는 듀오톤 비주얼은 그레이디언트 맵을
사용하면 간단히 만들 수 있습니다.

Ps 예제 파일 | 128_base.psd

01 그레이디언트 맵 조정 레이어를 더한다

예제 파일을 열고 **1**, 메뉴바에서 [레이어] →
[새 조정 레이어] → [그레이디언트 맵]을 선택한
후 [이름: 듀오톤]으로 적용합니다. [속성] 패널
에서 그레이디언트 바를 클릭하여 [그레이디언
트 편집기]를 열고 **2** [사전 설정]에서 [보라, 주
황]을 선택하여 그레이디언트를 적용합니다 **3**.
이것만으로도 듀오톤이 됩니다 **4**. 최신 버전의
포토샵이라면 [그레이디언트] 패널에서 [메뉴]
아이콘을 클릭한 후 [기존 그레이디언트]를 실행
해야 [보라, 주황] 설정을 찾을 수 있습니다.

02 그레이디언트의 색상을 변경한다

[그레이디언트 편집기]에서 그레이디언트 바에 있는 정지점을 각각 클릭해서 자유롭게 배색을 바꿔 보세요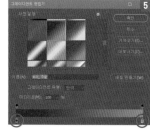. 여기서는 왼쪽을 [위치: 0%], [색상: R 30, G 40, B 95]로, 오른쪽을 [위치: 100%], [색상: R 250, G 95, B 105] 로 변경해서 적용했습니다.

03 흑백 조정 레이어로 농도를 보정한다

원본 이미지의 색감에 따라 부분적으로 농도를 보정하고 싶다면 [배경] 레이어를 선택하고 메뉴바에서 [레이어] → [새 조정 레이어] → [흑백]을 실행합니다. [속성] 패널에서 그림처럼 색상별로 농도를 간단히 보정할 수 있습니다. 예를 들어 원본 이미지에서 빨강 계열이었던 범위를 조금 더 밝게 하고 싶다면 [빨강 계열]의 수치를 높입니다. 이처럼 개별적으로 색의 농도를 보정합니다.

속도감이 느껴지게 연출하기

129

패스의 흐림 효과 필터를 사용하여 피사체의 움직임에 맞춰서 흔들림을 표현합니다.

Ps 예제 파일 | 129_base.jpg

01 인물을 오려내어 복제한다

예제 파일을 엽니다 **1**. [펜 도구]나 [올가미 도구] 등을 사용하여 인물과 스케이드 보드를 선택 영역으로 지정합니다 **2**. *Ctrl* + *J* 를 눌러 선택 영역만 복제하고, 복제된 레이어 이름은 [인물]로 변경합니다 **3**. [인물] 레이어를 복제하여 아래에 배치합니다 **4**.

02 패스의 흐림 필터로 몸과 팔을 흐리게 처리한다

[인물]과 [배경] 레이어의 [눈] 아이콘을 끄고, [인물 복사] 레이어를 선택한 후 메뉴바에서 [필터] → [흐림 효과 갤러리] → [경로 흐림 효과]를 선택합니다. 별도의 효과 창이 열리면 오른쪽에서 왼쪽으로 움직이는 것처럼 표현하기 위해 그림을 참고하여 머리에서 허리를 지나 오른쪽 아래로 향하는 곡선 형태의 패스를 하나 그리고, 이어서 팔 위쪽에서 아래로 향하는 패스를 그린 후 **5** 오른쪽 패널에서 [후막동조]를 선택합니다 **6**. [확인]을 클릭해서 효과를 적용하면 지정한 경로에 따라 흐림 처리됩니다 **7**.

03 레이어 마스크를 추가하여 인물과 배경을 어우러지게 한다

[인물]과 [배경] 레이어를 표시한 후 [인물] 레이어를 선택하고, [레이어 마스크 추가]를 실행합니다. [브러시 도구](부드러운 원)으로 인물의 오른쪽을 마스크 처리하여 가리면 **8** [인물 복사] 레이어와 경계선이 어우러집니다 **9**.

04 배경에 흐림 효과를 더한다

[배경] 레이어를 선택하고, 메뉴바에서 [필터] → [흐림 효과] → [가우시안 흐림 효과]를 선택한 후 [반경: 12.5픽셀]로 적용하여 **10** 배경을 흐리게 처리합니다 **11**.

ONE POINT

[흐림 효과] 창에서 패스 경로가 표시되지 않을 때는 메뉴바에서 [보기] → [표시] → [핀 편집]에 체크합니다.

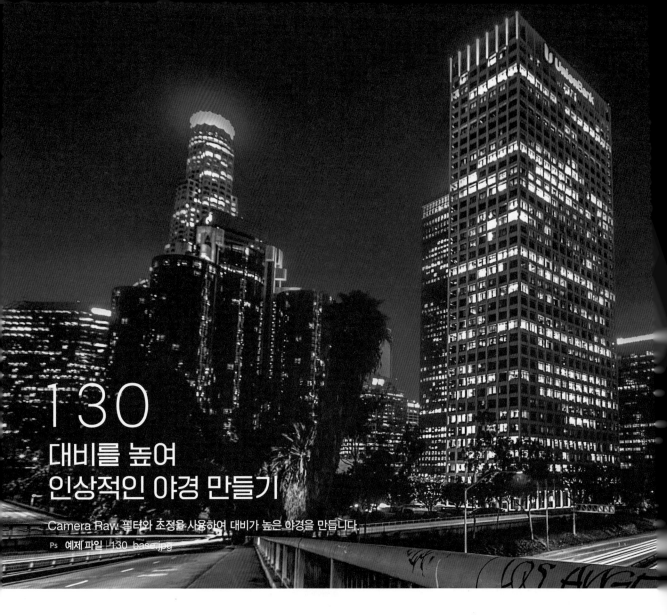

130
대비를 높여
인상적인 야경 만들기

Camera Raw 필터와 조정을 사용하여 대비가 높은 야경을 만듭니다.

Ps 예제 파일 | 130_base.jpg

O1 **Camera Raw 필터로 선명하게 바꾼다**

예제 파일을 열고 **1** [배경] 레이어를 복제해 레이어 이름을 [필터]로 변경한 후 **2** [필터] 레이어의 [눈] 아이콘을 끄고, [배경] 레이어를 선택합니다. 메뉴바에서 [필터] → [Camera Raw 필터]를 선택한 후 [명료도: +50], [안개 현상 제거: +30]으로 적용하여 **3** 선명한 인상으로 보정합니다 **4**.

02 선택 색상으로 파란색을 강조한다

메뉴바에서 [이미지] → [조정] → [선택 색상]을 선택한 후 [색상: 녹청 계열]에서 [노랑: −45%] **5**, [색상: 파랑 계열]에서 [노랑: −45%]로 적용하여 **6** 전체적으로 파란색을 강조합니다 **7**.

03 조정과 혼합 모드로 전체를 약간 밝게 키운다

[필터] 레이어를 다시 표시한 후 선택하고, 메뉴바에서 [이미지] → [조정] → [흑백]을 선택한 후 기본 설정으로 적용합니다 **8**. 이어서 메뉴바에서 [이미지] → [조정] → [반전]을 실행한 후 **9** 혼합 모드를 [오버레이], [불투명도: 50%]로 설정합니다 **10**.

04 그레이디언트 레이어로 이미지의 네 모퉁이를 어둡게 한다

메뉴바에서 [레이어] → [새 칠 레이어] → [그레이디언트]를 실행한 후 [그레이디언트]를 투명에서 검은색으로 바뀌게 설정하고, [스타일: 방사향]으로 적용합니다 **11**. 중앙만 투명하고 바깥은 검은색으로 채워지면서 중앙으로 시선이 유도됩니다. [레이어] 패널에서 혼합 모드를 [소프트 라이트], [불투명도: 50%]로 변경합니다 **12**.

131

어둠 속으로 녹아들게 하기

대상의 주변을 브러시 도구로 검게 칠해서 어둠 속으로 녹아든 것처럼 표현합니다.

Ps 예제 파일 | 131_cat.psd

01 고양이 얼굴 주변에 그림자를 그린다

예제 파일을 열고 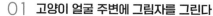, 새 레이어를 추가한 후 이름을 [그림자]로 변경합니다. [브러시 도구](부드러운 원)를 선택하고, 전경색을 검은색으로 설정한 후 [브러시 크기]를 [500~800픽셀] 범위에서 적절하게 바꿔 가며 고양이의 얼굴 주변을 대강 칠합니다 2. [브러시 크기]를 앞서보다 조금 작은 [200~400픽셀] 정도로 변경하고 고양이의 윤곽 부분을 좀 더 섬세하게 칠합니다 3. [브러시 도구]의 옵션바에서 [불투명도]를 [20~50%] 정도로 조절하면서 그림자가 그레이디언트처럼 표현되도록 겹쳐서 칠합니다 4.

02 전체의 밝기를 보정한다

[고양이] 레이어를 선택하고 메뉴바에서 [이미지] → [조정] → [레벨]을 선택한 후 그림처럼 적용하여 5 밝기를 낮춥니다 6. 전체를 어둡게 함으로써 빛을 더 잘 받게 됩니다.

03 브러시 도구로 빛을 더한다

[고양이] 레이어 위에 새 레이어를 추가하고, 이름을 [빛]으로 변경한 후 혼합 모드를 [오버레이]로 변경합니다. [브러시 도구](부드러운 원)을 선택하고, 전경색을 흰색으로 설정한 후 고양이의 얼굴 부분을 칠해서 빛을 추가합니다 7. 빛을 더욱 강하게 표현할 부분이 있다면 [빛] 레이어 위에 새 레이어를 추가하고, 혼합 모드를 [오버레이]로 변경한 후 [브러시 도구]로 칠해 보세요 8.

132

불꽃 합성하기

자유 형태 펜 도구로 그린 패스를 따라 불꽃
을 합성합니다. 불꽃 합성에는 불꽃 필터를
사용합니다.

Ps 예제 파일 | 132_base.jpg

01 불꽃의 패스를 만든다

예제 파일을 열고 **1**. [패스] 패널에서 미리 그려
놓은 패스를 선택합니다. [자유 형태 펜 도구]를
사용하여 불꽃이 만들어질 경로(패스)를 직접 그
려도 됩니다 **2**.

02 불꽃 필터로 불꽃을 그린다

[레이어] 패널에서 새 레이어를 만들고 메뉴바에
서 [필터] → [렌더] → [불꽃]을 선택합니다. [불
꽃] 창이 열리면 [기본] 패널에서 [불꽃 유형: 1.
패스를 따라 한 개 불꽃], [폭: 200]으로 설정하
고 **3**. [고급] 패널에서 [역동성: 30], [뾰족함:
25], [불투명도: 25], [불꽃 라인(복합성): 10],
[불꽃 하단 맞춤: 50], [불꽃 스타일: 1. 보통],
[불꽃 모양: 1. 평행]으로 설정한 후 **4** [확인]을
클릭하여 적용하면 패스를 따라 불꽃이 표현됩
니다 **5**.

GOLD EFFECT

★ ★ ★

인물이나 동물 사진을
금속 느낌으로 보정하기

133

조정과 혼합 모드를 조합하여 오려낸 사진을 금으로 만든 오브제처럼 보정합니다.

Ps 예제 파일 | 133_base.psd

01 이미지를 연다

예제 파일을 열면 ❶ 이미지가 있는 [dog] 레이어와 검은색 배경인 [배경] 레이어로 구성되어 있습니다 ❷.

02 밝은 영역을 억제한다

[dog] 레이어를 선택하고, 메뉴바에서 [이미지]
→ [조정] → [어두운 영역/밝은 영역]을 선택한
후 [밝은 영역]에서 [양: 20%]로 적용하면  밝
은 영역이 억제되어 대비가 줄어듭니다 .
[dog] 레이어를 복제한 후 복제된 레이어 이름
을 [금속 질감]으로 변경합니다 . [금속 질감]
의 [눈] 아이콘은 잠시 꺼서 가립니다.

03 이미지를 단색으로 변환한다

[dog] 레이어를 선택합니다. 메뉴바에서 [이미
지] → [조정] → [흑백]을 선택한 후 [색조]에 체
크하고 [색조: 42°], [채도: 80%]로 적용하여
단색으로 보정합니다 .

04 금속의 질감을 더한다

[금속 질감] 레이어를 다시 표시하고 선택합니
다. 메뉴바에서 [이미지] → [조정] → [흑백]을
선택하고 기본 설정으로 적용합니다 . 메뉴바
에서 [필터] → [흐림 효과] → [가우시안 흐림 효
과]를 선택한 후 [반경: 5픽셀]로 적용합니다
. 마지막으로 레이어의 혼합 모드를 [색상 닷
지]로 변경합니다 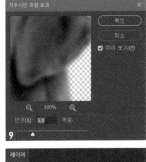 .

거울을 이미지 속에 표현하기

3D의 환경광 설정을 이용하여 입체적인 반사를 만듭니다.
3D 기능은 포토샵 버전과 컴퓨터 사양에 따라 제대로 작동하지 않을 수 있습니다.

Ps 예제 파일 | 134_base.jpg

01 이미지에 사각뿔을 배치한다

예제 파일을 엽니다 1. 새 레이어를 추가한 후
메뉴바에서 [3D] → [레이어에서 새 메시 만들
기] → [메시 사전 설정] → [피라미드]를 실행합
니다. 화면에 사각뿔이 그려지면 2 방향을 회전
하여 사각뿔이 공중에 떠 있는 것처럼 보이게
배치합니다 3.

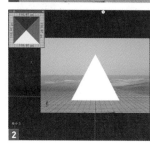
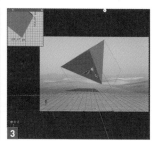

02 환경광을 설정한다

[3D] 패널에서 [환경]을 선택한 후 [속성] 패널에서 [IBL] 설정을 클릭한 후 [텍스처 대체]를 선택합니다 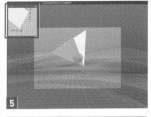. [열기] 창이 열리면 원본 이미지(예제 파일)를 선택해서 엽니다. 화면을 보면 이미지의 어느 부분을 사용할지 표시되므로 , 그것을 참고하면서 반사된 부분이 분위기 있게 표현되는 부분을 찾아냅니다 .

03 거울 면에 레이어 스타일을 설정한다

[다각형 올가미 도구] 등을 이용하여 사각뿔의 한 면을 선택 영역으로 지정하고 7, [Ctrl]+[J]를 눌러 복제합니다. [레이어] 패널에서 복제된 레이어를 더블클릭해서 [레이어 스타일] 창을 열고, [내부 그림자]를 선택한 후 [혼합 모드: 색상 번], [불투명도: 60%], [각도: 100°], [거리: 5픽셀], [크기: 80픽셀]로 적용하여 8 거울 면의 인상을 강하게 표현합니다 9.

04 다른 면에도 레이어 스타일을 적용한다

나머지 한 면도 선택해서 복제하고, [내부 그림자] 스타일을 적용합니다. 이때 면의 밝기가 다르므로, 두 면을 서로 비슷하게 표현하기 위해 [혼합 모드: 어두운 색상], [불투명도: 40%], [각도: 112°]로 적용합니다 10. 두 면에 레이어 스타일을 적용하여 아주 살짝 강조됩니다 11.

05 레이어를 복제하여 겹친다

[Ctrl]+[Alt]+[Shift]+[E]를 눌러 병합한 레이어를 복제하고, 복제된 레이어를 맨 위로 옮긴 후 혼합 모드를 [곱하기]로 변경하여 겹칩니다 12. 앞서와 같이 방법으로 사각뿔에서 오른쪽 면(작은 면)을 선택 영역으로 지정한 후 [레이어 마스크 추가]를 실행합니다. [곱하기]로 겹친 효과가 오른쪽 면에만 적용됩니다 13.

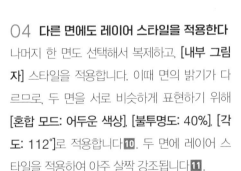

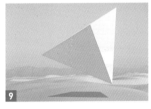
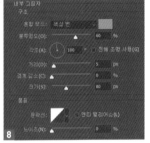
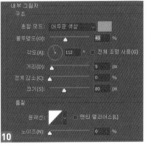
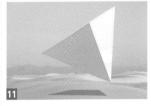
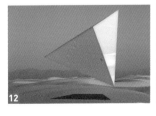

06 그레이디언트로 입체감을 강조한다

레이어 마스크 축소판이 선택된 상태에서 [그레이디언트 도구]를 사용하여 그레이디언트의 농담이 오른쪽 면의 아래에서 위로 변화하듯 보정합니다 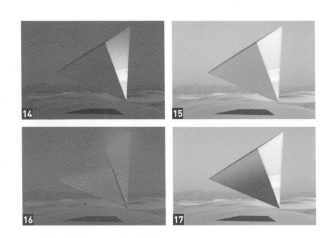. 병합한 레이어를 잠시 가린 후 Ctrl + Alt + Shift + E 를 눌러 병합한 레이어를 추가하고, 앞과 같은 방법으로 이번에는 왼쪽 면만 농담을 보정하여 입체감을 강조합니다 16 17 .

07 렌즈 플레어 필터로 빛을 표현한다

[레이어] 패널에서 가린 레이어를 다시 표시하고, 맨 위에 새 레이어를 추가한 후 검은색으로 채웁니다. 메뉴바에서 [필터] → [렌더] → [렌즈 플레어]를 선택한 후 [명도: 99%], [렌즈 유형: 동영상 프라임]으로 적용합니다 18 . 혼합 모드를 [스크린]으로 변경하고 그림처럼 배치하여 19 거울의 빛 반사를 연출합니다. [레이어 마스크 추가]를 실행하여 렌즈 플레어 효과 중 불필요한 부분을 지웁니다 20 21 .

08 곡선으로 색감과 밝기를 보정한다

메뉴바에서 [레이어] → [조정 레이어] → [곡선]을 실행한 후 [속성] 패널에서 그림처럼 설정하여 22 23 전체의 색감과 밝기를 보정합니다 24 .

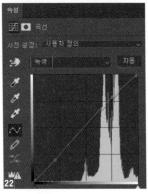

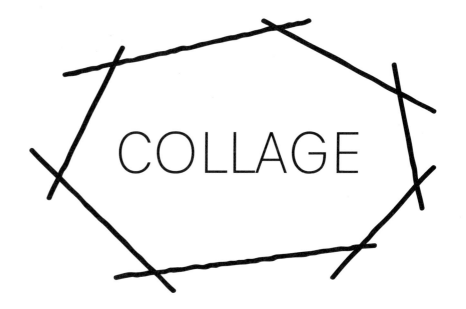

COLLAGE

6 기발한 아이디어가 돋보이는 이미지 합성

재미있는 콜라주 테크닉을 소개합니다.

콜라주는 서로 다른 여러 이미지를 조합하는 것으로,

여기서 소개하는 테크닉을 익힌다면 깜짝 놀랄 만한 이미지를 연출할 수 있습니다.

동물에게 오브제 합성하기

135

다람쥐에게 꽃이나 안경 등의 오브제를 합성합니다.
소재를 배치한 후 그림자와 빛 등을 추가하여 자연스러운 느낌으로 마무리합니다.

Ps 예제 파일 | 135_base.jpg, 135_소재.psd

01 소재를 배치한다

[135_base.jpg]와 [135_소재.psd] 파일을
각각 엽니다 **1 2**. [135_소재.psd] 파일에서
[꽃]과 [안경] 레이어를 복사한 후 다람쥐 이미지
위에 그림처럼 배치합니다 **3 4**.

02 손에 마스크를 만들어 꽃을 들고 있는 것처럼 보이게 한다

우선 [꽃] 레이어를 잠시 숨기고, [올가미 도구] 등을 이용해 [배경] 레이어에서 다람쥐의 손 부분을 선택 영역으로 지정한 후 **5** 메뉴바에서 [선택] → [반전]을 실행하여 선택 영역을 반전합니다. [꽃] 레이어를 다시 표시한 후 선택하고, [레이어 마스크 추가]를 실행합니다 **6**. 이것으로 꽃과 다람쥐의 손이 자연스럽게 표현됩니다.

03 코에 마스크를 만들어 안경을 쓴 것처럼 보이게 한다

[안경] 레이어를 선택하고 [레이어 마스크 추가]를 실행한 후 [브러시 도구]를 이용해 안경과 코가 겹치는 부분을 검은색으로 칠해 마스크 처리합니다 **7**. 이것으로 다람쥐가 안경을 쓴 것처럼 자연스럽게 합성됩니다 **8** **9**.

04 그림자를 넣어서 어우러지게 한다

새 레이어 2개를 추가하여 맨 위에 배치한 후 위에서부터 이름을 [빛]과 [그림자]로 변경합니다. 이어서 [빛] 레이어의 혼합 모드를 [오버레이], [그림자] 레이어의 혼합 모드를 [소프트 라이트]로 변경합니다. [그림자] 레이어를 선택하고 [브러시 도구]를 이용해 다람쥐의 손이나 줄기 부분 등 그림자가 생길만한 부분을 검은색으로 칠하고, 레이어의 [불투명도]를 [65%]로 변경하여 어우러지게 합니다 **10** **11**.

05 빛의 표현을 더하여 완성한다

[빛] 레이어에 선택한 후 화면 왼쪽 위에서 빛이 닿는다는 느낌으로 다람쥐의 몸이나 손 부근을 흰색으로 칠하고, 레이어의 혼합 모드를 [오버레이], [불투명도]를 [70%]로 변경합니다 **12** **13**.

동물의 무늬 바꾸기

136

뒤틀기 도구와 픽셀 유동화 필터를 조합하여 얼룩말 무늬를 소의 몸에 합성합니다.

Ps 예제 파일 | 136_base.jpg, 136_zebra.jpg

01 소에 얼룩말 무늬를 겹친다

[136_base.jpg]와 [136_zebra.jpg] 파일을
각각 엽니다 **1**. 얼룩말 무늬를 전체 선택해서
복사한 후 **2** 소 이미지에 붙여넣고, 레이어의
혼합 모드를 [곱하기]로 변경합니다 **3**.

02 소의 몸에 맞춰 얼룩말 무늬를 변형한다

메뉴바에서 [편집] → [변형] → [뒤틀기]를 실행한 후 그림과 같이 얼룩말 무늬를 소의 몸에 맞춰서 변형하고 [Enter]를 눌러 적용합니다. 소의 몸의 입체감에 유의하면서 변형해 보세요 4.

03 픽셀 유동화 필터로 입체감을 조절한다

메뉴바에서 [필터] → [픽셀 유동화]를 선택한 후 [픽셀 유동화] 창이 열리면 오른쪽 패널에서 [배경 표시]에 체크하고, [불투명도]는 적당하게 설정합니다 5. 이 상태에서 소의 몸에 맞춰 무늬를 드래그하여 유동화 정도를 편집한 후 [확인]을 클릭해서 적용합니다. 여기서는 소의 등이나 다리와 배 등에 무늬가 말려 있는 모습을 재현하기 위해 가장자리에 있는 무늬가 좁아지도록 조절했습니다 6.

04 마스크를 사용하여 무늬를 가다듬는다

[펜 도구]를 사용하여 소의 얼굴, 오른쪽 앞다리, 오른쪽 뒷다리, 꼬리를 제외한 몸의 아웃라인(패스)을 만듭니다 7. [펜 도구]나 [자동 선택 도구] 등을 사용하여 소의 몸통 부분을 선택 영역으로 지정하고, [레이어] 패널에서 [레이어 마스크 추가]를 실행하면 선택 영역에만 무늬가 적용됩니다 8. [브러시 도구]를 사용하여 자연스럽지 않거나, 불필요한 위치는 추가로 마스크 처리하여 전체를 가다듬습니다 9 10.

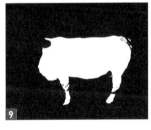

05 레이어 스타일로 소의 몸에 무늬를 어우러지게 한다

얼룩말 무늬 레이어를 선택하고 메뉴바에서 [레이어] → [레이어 스타일] → [혼합 옵션]을 선택한 후 [레이어 스타일] 창에서 [혼합 조건]의 [밑에 있는 레이어]를 그림처럼 설정합니다. [Alt]를 누른 채 포인트를 드래그하면 그림처럼 분리할 수 있습니다 11. [확인]을 클릭하여 설정을 적용하면 소의 몸에 무늬가 어우러집니다 12.

과일을 경쾌한 분위기로 바꾸기

137

과일의 단면을 만들어 패턴을 합성하거나 색감을 바꿈으로써 경쾌한 느낌으로 연출합니다.

Ps 예제 파일 | 137_base.jpg, 137_pattern.psd

01 파인애플을 오려내어 선명하게 보정한다

예제 파일을 열고 **1**, [자동 선택 도구] 등을 사용하여 파인애플만 선택해서 복제합니다. 메뉴바에서 [레이어] → [새 칠 레이어] → [단색]을 실행한 후 보라색(R 149, G 112, B 255)으로 채우고, 복제된 파인애플 이미지 아래에 배치합니다 **2**. 파인애플 이미지를 선택하고 메뉴바에서 [필터] → [Camera Raw 필터]를 선택한 후 [노출: +1.3], [대비: +13], [채도: +36]으로 적용하여 배경에 맞춰서 색을 보정합니다 **3** **4**.

02 파인애플을 잘라서 네 부분으로 나눈다

파인애플을 자르기 위해 [펜 도구]나 [올가미 도구] 등을 이용해 그림처럼 3곳을 각각 선택 영역으로 지정한 후 Ctrl + Shift + J 를 눌러 선택 영역을 새 레이어로 잘라냅니다. 자른 면이 입체적으로 보이도록 곡면을 따라 선택 영역을 지정하는 것이 포인트입니다 **5** **6** **7** **8**. 3개의 영역을 잘라낸 후 각 조각의 위치를 조정하여 그림처럼 배치합니다 **9** **10**.

03 파인애플의 단면을 표현한다

가장 아래쪽 조각이 있는 레이어 아래에 새 레이어를 추가합니다. [올가미 도구] 등을 이용해 가장 아래쪽 조각의 단면으로 표현될 부분을 선택 영역으로 지정한 후 원하는 색으로 채웁니다 **11**. 같은 방법으로 나머지 2개 조각도 단면으로 표현될 부분을 원하는 색으로 채웁니다 **12**. [레이어] 패널에서 인의의 조각과 해당 조각의 단면 레이어를 함께 선택하고, 메뉴바에서 [편집] → [자유 변형]을 실행하여 위치와 각도를 변경합니다. 같은 방법으로 나머지 조각을 배치하여 조각들이 떠 있는 것처럼 연출합니다 **13**.

04 자른 단면에 패턴 소재를 배치한다

[137_pattern.psd] 파일에서 임의의 패턴을 복사해서 붙여넣고, [레이어] 패널에서 가장 아래쪽 조각의 단면 레이어 위에 배치합니다 . [자유 변형]을 실행하여 패턴의 방향과 각도 등을 조절한 후 마지막 조각의 단면과 겹칩니다 **15**. 단면 레이어를 이용해 선택 영역을 지정하고, [레이어 마스크 추가]를 실행하여 단면에만 패턴이 적용되도록 마스크 처리합니다 **16**. 같은 방법으로 나머지 패턴을 붙여넣고, 단면에만 패턴이 적용되도록 마스크 처리합니다 **17**.

05 자른 부분에 그림자를 넣어 입체적으로 보이게 한다

맨 아래 조각의 패턴 레이어를 선택한 후 단면 칠 레이어를 이용해 선택 영역을 지정합니다 **18**. 메뉴바에서 [레이어] → [새 조정 레이어] → [곡선]을 실행하고, 그림처럼 보정하여 단면을 어둡게 합니다 **19**. 조정 레이어가 위쪽 단면의 그림자로 보이도록 위치를 어긋나게 합니다 **20**.

06 그림자의 윤곽을 흐리게 처리한다

[레이어] 패널에서 조정 레이어의 마스크 축소판을 선택하고 메뉴바에서 [필터] → [흐림 효과] → [가우시안 흐림 효과]를 선택한 후 [반경: 10 픽셀]로 적용하여 **21**, 그림자의 윤곽을 흐리게 처리합니다 **22**. 이어서 메뉴바에서 [레이어] → [클리핑 마스크 만들기]를 실행하여 **23** 바로 아래 있는 패턴에만 [곡선] 조정 레이어 효과가 적용되도록 합니다 **24**.

07 그레이디언트로 그림자의 농도를 바꾼다

가까운 부분과 먼 부분의 그림자 농도는 서로 다르므로, 이를 표현하여 보다 현실적으로 표현해 보겠습니다. 우선 [그레이디언트 도구]를 선택한 후 그림처럼 설정하고 , [곡선] 조정 레이어의 마스크 축소판이 선택된 상태로 화면에서 그림자를 진하게 하고 싶은 부분부터 연하게 하고 싶은 부분 쪽으로 드래그합니다 . 그러면 마스크 레이어에 그레이디언트가 생겨나서 더 자연스러운 그림자가 됩니다 . 앞의 과정을 참고하여 나머지 단면 패턴에도 그림자를 표현합니다. 마지막으로 배경으로 사용 중인 칠 레이어 위에 새 레이어를 추가하고, [브러시 도구] 등을 이용해 파인애플이 땅에 닿아 있는 부분의 그림자를 표현합니다  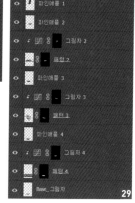.

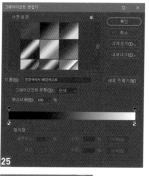

08 배경을 핑크색으로 변경한다

Ctrl + Alt + Shift + E 를 눌러 지금까지 결과물을 병합한 레이어를 추가하여 맨 위에 배치합니다. 전경색을 핑크색(#ff9a9a), 배경색을 흰색으로 설정하고 메뉴바에서 [필터] → [필터 갤러리] → [예술 효과] → [네온광]을 선택한 후 [광선 크기: 24], [광선 명도: 40], [광선 색상: #ff9a9a]로 적용합니다 . 이것으로 전체가 핑크색이 되며, 경쾌한 분위기가 됩니다 .

09 단면 외 부분에 포토 필터를 적용한다

각 단면에는 예술 효과가 적용되지 않도록 파인애플의 단면을 제외한 나머지 부분을 선택 영역으로 지정한 후 [레이어 마스크 추가]를 실행합니다 . 메뉴바에서 [레이어] → [새 조정 레이어] → [포토 필터]를 실행하면 기본 설정만으로 ③③, 흰색 부분이 난색 계열의 색으로 바뀝니다 ③④ .

책에서 튀어나온 듯한 풍경 만들기

138

펼쳐진 책의 페이지에 이야기의 한 장면이 튀어나온 듯한 풍경을 만듭니다.

Ps 예제 파일 | 138_base.jpg, 138_board.jpg, 138_소재.psd, 138_texture.jpg

01 토대가 되는 테이블을 만든다 ①

배경으로 사용할 [138_base.jpg] 파일과 **1**
바닥재인 [138_board.jpg] 파일을 엽니다 **2**.
배경 위에 바닥재를 붙여넣은 후 레이어 이름을
[널빤지 01]로 변경하고, 메뉴바에서 [편집] →
[자유 변형]을 실행하여 그림처럼 변형합니다 **3**.
계속해서 마우스 우클릭 후 [원근]을 실행하여 그
림처럼 깊이가 있는 것처럼 변형한 후 Enter 를
눌러 적용합니다 **4**.

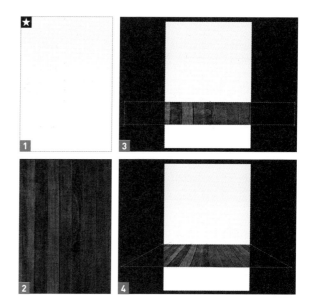

02 토대가 되는 테이블을 만든다 ②

[널빤지 01] 레이어를 복제한 후 이름을 [널빤지
02]로 변경하고, [널빤지 01] 레이어 아래에 배
치합니다. 메뉴바에서 [편집] → [변형] → [세로
로 뒤집기]를 실행하고, 이어서 [자유 변형], [왜
곡]을 실행하여 그림과 같이 나뭇결이 이어지도
록 배치합니다 **5**. 메뉴바에서 [이미지] → [조
정] → [레벨]을 선택한 후 그림처럼 적용하여 **6**
음영 차이가 나도록 보정하면 테이블처럼 표현
됩니다 **7**.

03 테이블의 나뭇결을 어긋나게 한다

[널빤지 02] 레이어를 복제한 후 레이어 이름을
[널빤지 03]으로 변경합니다. 메뉴바에서 [이미
지] → [조정] → [레벨]을 선택한 후 그림처럼 적
용하여 더욱 어둡게 보정하고 **8**, 화면에서 살짝
아래로 옮깁니다 **9**. 현재 상태에서는 나뭇결이
반듯한데 음영 차이만 있어서 어색하므로, 수평
방향으로 살짝 어긋나게 배치합니다. 이렇게 하
면 테이블 안쪽 깊은 어두운 곳처럼 연출됩니다
10 **11**.

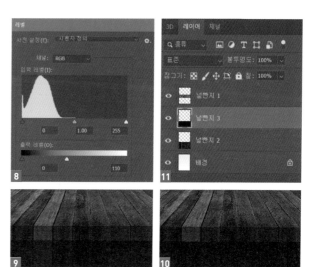

04 책을 합성하고 그림자를 넣는다

[138_소재.psd] 파일을 엽니다 . [책] 레이어를 복사해서 작업 중인 배경에 붙여넣습니다. [레이어] 패널에서 맨 위에 옮긴 후 그림처럼 배치합니다 . [책] 레이어 아래에 새 레이어를 추가하고, 이름을 [책 그림자]로 변경한 후 [불투명도: 60%]로 변경합니다. [브러시 도구](부드러운 원)를 선택한 후 검은색으로 책의 그림자를 표현합니다 14.

05 책에 잔디를 합성한다

소재 중에서 [잔디] 레이어를 복사해서 붙여넣고, [레이어] 패널에서 맨 위로 옮긴 후 그림처럼 배치합니다 15. [잔디] 레이어의 [눈] 아이콘을 꺼서 잠시 가리고, [펜 도구]를 이용해 그림처럼 패스를 그린 후 Ctrl + Enter 를 눌러 패스 모양으로 선택 영역을 지정합니다 . [레이어] 패널에서 [잔디] 레이어를 다시 표시하고, [레이어 마스크 추가]를 실행합니다 . 마스크의 축소판이 선택된 상태에서 [브러시 도구](브러시 종류: 풀)로 설정하고, 펼쳐진 책의 위, 오른쪽, 왼쪽을 드래그해서 마스크를 수정하면 잔디가 자라난 것처럼 보입니다 18. 브러시 종류를 [부드러운 원]으로 변경한 후 그림처럼 일부를 마스크 처리하여 잔디가 심어지지 않는 부분도 표현합니다 19. [풀] 브러시는 레거시 브러시를 추가하면 사용할 수 있습니다.

06 잔디에 그림자를 넣어 입체감을 낸다

[잔디] 레이어 위에 새 레이어를 추가한 후 이름을 [잔디 그림자]를 변경하고, 혼합 모드를 [소프트 라이트]로 변경합니다. [브러시 도구](부드러운 원)를 사용하여 잔디의 뿌리 부분을 드래그한 후 [클리핑 마스크 만들기]를 실행하여 그림자를 연출하면 입체감이 표현됩니다 20 21.

07 잔디 안에 냇가를 만든다

소재에서 [물] 레이어를 복사해서 붙여넣고, [잔디] 레이어 아래로 옮깁니다22. 잔디에 마스크를 추가할 때의 방법을 참고하여 잔디 사이로 물이 흐르는 것처럼 표현합니다23.

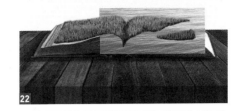

08 인물과 새의 소재를 배치한다

소재 중 [인물]과 [새] 레이어를 복사해서 붙여넣고, [레이어] 패널에서 맨 위로 옮긴 후 그림처럼 배치합니다24. 2개의 레이어에 각각 [레이어 마스크 추가]를 실행한 후 [브러시 도구](브러시 종류: 풀)을 사용해 불필요한 부분을 마스크 처리하여 정리합니다25.

09 버섯 소재를 배치한다

소재 중 [버섯 01] 레이어를 붙여넣고 [인물] 레이어 아래로 옮기고, [버섯 02] 레이어를 붙여넣고, 맨 위로 옮깁니다26. [버섯 01] 레이어 아래에 새 레이어를 추가한 후 [불투명도: 40%]로 설정하고, [브러시 도구](부드러운 원)로 버섯의 그림자를 표현합니다27. [138_texture.jpg] 파일을 열고, 전체 선택해서 복사한 후 붙여넣고, [레이어] 패널에서 맨 위로 옮깁니다. 혼합 모드를 [어두운 색상], [불투명도: 20%]로 설정합니다28.

RETRO COLLAGE

Retro Collage Design
In Photoshop

139

레트로한 질감을 가진
아날로그 느낌의 콜라주 만들기

종이 질감과 낡은 분위기 등 아날로그 느낌이 나는 콜라주 작품을 만듭니다.

Ps **예제 파일** 139_소재.psd

01 낡은 종이 텍스처를 배치한다

[폭: 2508픽셀], [높이: 3528픽셀], [해상도: 350픽셀/인치]로 새 문서를 만듭니다. [139_소재.psd] 파일을 열고 **1**. [텍스처] 레이어를 복사한 후 새 문서에 붙여넣습니다 **2**. 붙여넣은 레이어의 혼합 모드를 [곱하기]로 변경하고 잠가 둡니다. 이렇게 하면 이후 [텍스처] 레이어 아래에 배치한 레이어에 텍스처 질감이 더해집니다.

02 풍경을 배치한다

소재 중 [풍경] 레이어를 복사해서 붙여넣습니다
3. [풍경] 레이어를 [텍스처] 레이어 아래로 옮
긴 후 [풍경] 레이어 아래에 새 레이어를 추가하
고, 녹색(#6fcbc2)으로 채웁니다 **4**.

03 마찬가지로 나머지 소재를 배치한다

[풍경] 레이어 바로 아래에 소재 중 [사과] 레이
어를 배치합니다 **5**. 사과의 색이 너무 강하므로
메뉴바에서 [이미지] → [조정] → [레벨]을 선택
한 후 그림처럼 적용하여 **6** 색을 연하게 보정
합니다 **7**. [사과] 레이어 위에 [건물] 레이어, 그
리고 그 위에 [남자아이] 레이어를 옮긴 후 [남자
아이] 레이어를 2개 더 복제해서 그림처럼 배치
합니다 **8**.

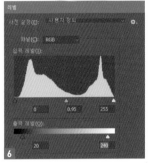

04 남자 아이의 실루엣에 따라 사과에 마스크를 추가한다

[Ctrl]을 누른 채 [남자아이] 레이어의 축소판을
클릭해서 선택 영역으로 지정하고 **9**. 메뉴바에
서 [선택] → [반전]을 실행하여 선택 영역을 반
전합니다. [사각형 선택 윤곽 도구]를 선택한 후
화면에서 드래그하여 선택 영역이 그림처럼 사
과에 겹치게 옮깁니다 **10**. [사과] 레이어를 선택
한 후 [레이어 마스크 추가]를 실행합니다 **11**.

05 여자 아이와 모양 레이어를 배치한다

계속해서 소재 중 [여자아이] 레이어를 가져와 [건물] 레이어 아래로 옮긴 후 배치합니다 **12**. [펜 도구]를 선택하고 옵션바에서 [모드: 모양], [칠: 흰색], [획: 색상 없음]으로 설정한 후 **13** 여자 아이의 손끝에서 왼쪽 위로 퍼지는 모양을 만듭니다 **14**. 추가된 모양 레이어는 [여자아이] 레이어 아래로 옮깁니다.

06 하늘과 나비를 배치한다

소재 중 [하늘] 레이어를 가져와서 모양 레이어 위에 배치하고 **15**, 마우스 우클릭하여 [클리핑 마스크 만들기]를 실행합니다 **16**. 소재 중 [나비 01]~[나비 04] 레이어를 가져와서 그림처럼 배치합니다 **17**.

07 채널 혼합으로 색이 바랜 느낌을 만든다

메뉴바에서 [레이어] → [새 조정 레이어] → [채널 혼합]을 실행한 후 [속성] 패널에서 [사전 설정: 흑백 적외선(RGB)]으로 설정합니다 **18 19**. 조정 레이어의 [불투명도]를 [15%]로 변경합니다 **20**. 284쪽의 완성 사례에서는 문자 및 모양으로 이미지 위쪽 부분을 장식했고, 자동차 소재를 추가하여 광고 느낌이 나게 마무리했습니다.

ONE POINT

레트로한 아날로그 콜라주 느낌을 연출할 때의 포인트는 낡은 사진 소재를 사용하되 질감이나 노이즈의 수준, 색감, 명도에 극단적인 차이가 나지 않는 소재를 조합해야 한다는 점입니다. 또한, 입체감이 극단적으로 다른 것은 쉽게 조화되지 않으므로 가능하면 비슷한 시선에서 촬영된 소재를 조합해야 합니다.

역광 상태 만들기

순광으로 촬영한 풍경 사진에 노을 이미지를 합성하고
포토 필터 및 브러시 도구를 사용해 역광 상태를 표현합니다.

Ps 예제 파일 | 140_base.jpg, 140_sunset.jpg

140

01 풍경과 노을의 이미지를 합성한다

[140_base.jpg] 배경 파일을 열어, 레이어를 복제한 후 이름을 [풍경]으로 변경합니다. 원본 이미지는 숨깁니다 **1**. [빠른 선택 도구] 등을 사용해 하늘 부분을 선택한 후 _Delete_ 를 눌러 삭제합니다 **2**. [140_sunset.jpg] 파일을 열어 전체 선택해서 복사하고 **3**, 배경에 붙여넣고 그림처럼 배치한 후 **4** 레이어 이름은 [노을]로 변경하고, 혼합 모드는 [밝게 하기]로 변경합니다 **5**.

02 두 이미지의 밝기를 맞춘다

[풍경] 레이어를 선택하고, 메뉴바에서 [이미지] → [조정] → [레벨]을 선택한 후 그림처럼 적용합니다 **6** **7**. 이어서 메뉴바에서 [이미지] → [조정] → [포토 필터]를 선택한 후 색상을 주황색(#e7953e)로 설정하여 적용합니다 **8** **9**.

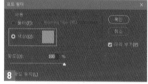

03 노을 레이어의 불필요한 부분을 마스크 처리한다

[노을] 레이어를 선택한 후 [레이어 마스크 추가]를 실행합니다. [브러시 도구](부드러운 원)를 이용하여 인물이나 바로 앞의 풍경에 겹쳐진 불필요한 부분을 마스크 처리합니다 **10** **11**.

04 인물을 중심으로 빛을 더한다

인물과 그 주변으로 시선을 유도하기 위해 화면 전체가 아닌 인물과 좌우 바위에만 한정하여 빛을 표현하겠습니다. [레이어] 패널에서 맨 위에 새 레이어를 추가하고, 이름을 [빛 1]로 변경합니다. [브러시 도구](부드러운 원, 1픽셀, 흰색)로 역광을 의식하여 인물의 윤곽선이나 가장 앞에 있는 바위의 가장자리를 덧그립니다 . 이어서 메뉴바에서 [필터] → [흐림 효과] → [가우시안 흐림 효과]를 선택한 후 [반경: 1.5픽셀]로 적용하여 어우러지게 합니다 13 14.

05 전체에 빛을 더하여 완성한다

[레이어] 패널에서 맨 위에 새 레이어를 추가하고, 이름을 [빛 2]로 변경한 후 혼합 모드를 [오버레이]로 변경합니다. [브러시 도구](부드러운 원, 흰색)로 크기를 조절하면서 가장 앞에 있는 바위 전체에 빛을 더합니다. 이때도 인물을 중심으로 빛이 닿는 바위의 가장자리 부분 등에 빛을 더한다는 느낌으로 작업합니다. 인물에서 멀어질수록 그리는 밀도를 낮추는 것이 좋습니다 15. [빛 2] 레이어의 혼합 모드를 [표준]으로 변경해 보면 그림처럼 보입니다 16. 혼합 모드를 다시 [오버레이]로 변경하고, 브러시의 크기를 [2000픽셀]로 설정한 후 인물을 중심으로 1회 클릭하여 빛을 추가합니다 17 18. [곡선] 조정 레이어를 추가하여 적절하게 보정해도 좋습니다.

141
영화 포스터
이미지 만들기

STAR CLUSTER
5.10 / ROADSHOW

거리에서 촬영한 인물 사진에 여러 소재(달, 유성, 별, 운석, 강아지)를 합성하여
영화 포스터 느낌의 이미지를 완성합니다.

Ps 예제 파일 | 141_base.psd, 141_소재.psd

01 바탕 이미지에서 배경을 오려낸다
[141_base.psd] 예제 파일을 엽니다 **1**. 건물
안쪽 풍경을 다른 소재로 합성하기 위해 **[풍경]**
레이어를 선택하고 **[펜 도구]**로 그림처럼 패스를
그린 후 **2** `Ctrl` + `Enter`를 눌러 선택 영역으로
지정하고 `Delete`를 눌러 삭제합니다 **3**.

02 전체를 어둡게 보정하여 밤처럼 만든다

Ctrl+D를 눌러 선택 영역을 해제합니다. 밤의 풍경으로 만들기 위해 메뉴바에서 [이미지] → [조정] → [레벨]을 선택한 후 그림처럼 적용합니다 4 5.

03 배경에 달을 배치한다

[141_소재.psd] 파일을 열고 6. [달] 레이어를 복사해서 작업 중인 파일에 붙여넣습니다. [레이어] 패널에서 [달] 레이어를 가장 아래로 옮긴 후 그림처럼 배치합니다 7. 달 이미지 주변을 흐리게 처리하기 위한 [달] 레이어 위에 새 레이어를 추가하고, [원형 선택 윤곽 도구]로 달의 크기와 비슷한 정도의 선택 영역을 지정합니다 8. 전경색을 흰색으로 변경한 후 선택 영역을 채웁니다 9. 메뉴바에서 [필터] → [흐림 효과] → [가우시안 흐림 효과]를 선택한 후 [반경: 75픽셀]로 적용하고 10. 레이어의 [불투명도]를 [80%]로 설정하여 어우러지게 합니다 11.

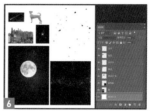

6 COLLAGE

04 배경에 건물을 배치한다

[141_소재.psd] 파일에서 [건물] 레이어를 복사해서 붙여넣고, [풍경] 레이어 아래로 옮긴 후 배치합니다12. 명도와 색상을 보정하기 위해 메뉴바에서 [이미지] → [조정] → [레벨]을 선택한 후 그림처럼 적용합니다13. 계속해서 메뉴바에서 [이미지] → [조정] → [색상 균형]을 선택한 후 그림처럼 적용합니다14 15.

05 밤하늘에 별과 유성을 배치한다

[141_소재.psd] 파일에서 [밤하늘] 레이어를 복사해서 붙여넣습니다. [건물] 레이어 아래로 옮긴 후 배치하고 혼합 모드를 [스크린]으로 변경합니다16. [유성] 레이어는 [밤하늘] 레이어 위로 배치한 후 혼합 모드를 [스크린]으로 변경합니다17. [유성의 빛] 레이어를 가져와 [유성] 레이어 위로 배치하고, 역시 혼합 모드를 [스크린]으로 변경합니다. [유성의 빛]을 [유성]의 끝에 배치합니다18.

06 전체에 빛을 그려 넣는다

[풍경] 레이어 위에 새 레이어를 추가한 후 이름을 [전체의 빛 1], 혼합 모드를 [오버레이]로 변경합니다. [전체의 빛 1] 레이어에서 마우스 우클릭 후 [클리핑 마스크 만들기]를 실행하여 [풍경] 레이어의 범위 안에서만 빛을 그릴 수 있게 합니다. [브러시 도구](부드러운 원)로 달빛이 빌딩이나 인물에 닿는 모습을 떠올리면서 빛을 그립니다19. [전체의 빛 1] 레이어 위에 [전체의 빛 2] 레이어를 새로 만들고, 혼합 모드를 [오버레이], [불투명도: 50%]로 설정합니다. 앞과 마찬가지로 [풍경] 레이어에 클리핑 마스크를 적용하고, 건물의 가장자리나 지면 등 달빛이 닿는 부분이나 강조하고 싶은 부분에 빛을 더합니다20.

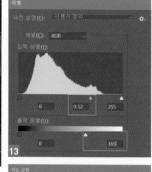

07 강아지를 배치하고 색감을 보정한다

[141_소재.psd] 파일에서 [강아지] 레이어를 가져와 [띠] 레이어 아래에 배치하고 21. [건물] 레이어 때와 동일하게 [레벨]22과 [색상 균형]23을 적용하여 보정합니다24. [강아지] 레이어 아래에 새 레이어를 추가한 후 이름을 [강아지 그림자], [불투명도]를 [55%]로 변경합니다. [브러시 도구](부드러운 원, 검정)로 강아지에서 드리우는 그림자를 그립니다. 지면의 타일 각도를 참고하며 그리면 전체의 입체감에 어울리는 그림자를 그릴 수 있습니다25.

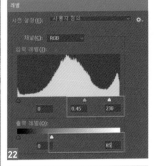

08 인물과 강아지의 윤곽에 빛을 더한다

인물과 강아지를 강조하기 위해 각 레이어 위에 새 레이어를 추가한 후 [클리핑 마스크 만들기]를 실행합니다. [브러시 도구](흰색)로 윤곽선을 따라 세밀한 선을 그립니다. 강아지 위에 새 레이어를 만들고, 레이어의 혼합 모드를 [오버레이]로 설정한 후 [브러시 도구]를 [부드러운 원], [크기: 100픽셀] 전후로 설정하여 윤곽선에 빛을 더합니다. 강아지 위에 만든 레이어 2개의 [불투명도]를 [60%]로 설정합니다26.

09 네 모퉁이를 어둡게 하고 빛을 보정한다

전경색을 검은색으로 설정한 상태로 메뉴바에서 [레이어] → [새 칠 레이어] → [그레이디언트]를 실행해 원형 그레이디언트를 만듭니다27. 만든 그레이디언트 레이어를 [띠] 레이어 아래에 배치하고 혼합 모드를 [소프트 라이트]로 변경합니다 28. 다음으로 [풍경] 레이어 아래에 새 레이어 [전체의 빛 3]을 추가하고 혼합 모드를 [오버레이]로 설정합니다. 전경색을 흰색으로 변경하고 [브러시 도구]를 사용해 유성과 달, 별에 빛을 더합니다. 소재 이미지에서 [암석] 레이어를 이동해 [띠] 레이어 아래에 배치합니다. [띠] 레이어 위에 원하는 텍스트를 배치합니다29.

APPENDIX

포토샵에서 자주 사용하는 기본 기능

[기본 조작]

새 문서 만들기
[파일] 메뉴에서 [새로 만들기]를 선택하거나 단축키 Ctrl + N

패널 표시하기
[창] 메뉴에서 표시하고 싶은 패널 이름을 선택

패널 옵션 메뉴 사용하기
패널 오른쪽 위의 네 줄 아이콘 클릭

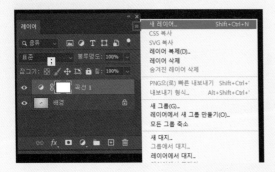

안내선 표시
[보기] 메뉴에서 [표시] → [안내선]을 선택하거나 단축키 Ctrl + :

안내선 만들기
[보기] 메뉴에서 [새 안내선]을 선택하고 안내선의 방향과 위치를 지정

[보기] 메뉴에서 [눈금자]를 활성화한 후 화면 위쪽이나 왼쪽에 표시된 눈금자에서 드래그하여 안내선을 꺼냄

색상 모드 변경
[이미지] 메뉴의 [모드]에서 원하는 모드 선택

이미지 해상도 변경
[이미지] 메뉴에서 [이미지 크기]를 선택하고 [해상도]의 수치 변경

[이미지 보정]

[이미지] → [조정]에서 아래 소개한 메뉴를 선택해서 이미지를 직접 보정

[레이어] → [새 조정 레이어]에서 아래 소개한 메뉴를 선택해서 조정 레이어를 추가한 후 보정

이미지에 한계값 적용
[이미지] → [조정] → [한계값]으로 한계값을 지정

대비 보정
[곡선], [명도/대비], [레벨] 등을 선택하여 보정

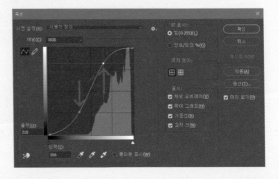

색조 보정
[색조/채도]를 선택한 후 [색조] 슬라이더를 이용하여 보정

채도 낮추기
[흑백]에서 [사전 설정]의 [최대 검정]을 선택

[색조/채도]나 [활기]를 선택하여 보정

[채도 감소]를 선택

[선택 영역]

레이어에서 선택 영역 만들기
[레이어] 패널에서 Ctrl 을 누른 채 레이어 축소판을 클릭

패스에서 선택 영역 만들기
[패스] 패널에서 Ctrl 을 누른 채 패스 축소판을 클릭

정사각형 선택 영역 만들기
Shift 를 누른 채 [사각형 선택 윤곽 도구]로 드래그

정원 선택 영역 만들기
Shift 를 누른 채 [원형 선택 윤곽 도구]로 드래그

선택 영역 반전

선택 영역을 지정한 후 [선택] 메뉴에서 [반전] 선택

선택 영역 추가

선택 영역을 지정한 후 Shift를 누른 채 추가 영역 선택

선택 영역의 가장자리를 흐리게 처리

[선택] 메뉴에서 [수정] → [페더]를 선택하고 흐림 효과의 반경을 지정

선택 영역을 새 레이어로 복제

복제할 영역을 선택한 후 [레이어] 메뉴에서 [새로 만들기] → [복사한 레이어]를 선택하거나 단축키 Ctrl + J

선택 영역 저장

[선택] 메뉴에서 [선택 영역 저장]을 선택

저장한 선택 영역 불러오기

[선택] 메뉴에서 [선택 영역 불러오기]를 선택, [채널]에서 불러오고 싶은 선택 영역을 선택

[레이어], [마스크]

새 레이어 만들기

[레이어] 패널에서 [새 레이어를 만듭니다] 아이콘을 클릭

[레이어] 메뉴에서 [새로 만들기] → [레이어]를 선택하거나 단축키 Ctrl + Shift + N

레이어 복제

[레이어] 패널에서 복제하고 싶은 레이어를 [새 레이어를 만듭니다] 아이콘으로 드래그

칠 레이어 만들기

[레이어] 패널의 [새 칠 또는 조정 레이어를 만듭니다] 아이콘을 클릭한 후 [단색]을 선택

조정 레이어 만들기

[레이어] 패널의 [새 칠 또는 조정 레이어를 만듭니다] 아이콘을 클릭한 후 선택

레이어 마스크 처리

[레이어] 패널의 [레이어 마스크 추가](레이어 마스크를 추가합니다) 아이콘을 클릭한 후 마스크 축소판이 선택된 상태에서 검은색으로 덧칠

레이어 그룹화

그룹화하고 싶은 레이어를 모두 선택한 후 [레이어] 메뉴에서 [새로 만들기] → [레이어에서 그룹 만들기]를 선택하거나 단축키 Ctrl + G

레이어의 혼합 모드 변경

레이어를 선택한 후 [레이어] 패널의 [레이어의 혼합 모드 설정] 목록을 열고, 원하는 모드 선택

레이어를 전부 병합

[레이어] 메뉴에서 [배경으로 이미지 병합]을 선택

일부 레이어만 병합

병합하고 싶은 레이어만을 선택하고 [레이어] 메뉴에서 [레이어 병합]을 선택하거나 단축키 Ctrl + E

화면에 보이는 상태로 병합된 레이어 추가

단축키 Ctrl + Alt + Shift + E

레이어 잠금

잠그고 싶은 레이어를 선택하고 [레이어] 패널의 [모두 잠그기]를 클릭하거나 단축키 Ctrl + /

레이어 표시/숨기기 전환

[레이어] 패널에서 표시하거나 숨길 레이어의 [눈](레이어 가시성을 나타냅니다) 아이콘 클릭

레이어 연결

연결하고 싶은 레이어를 선택한 후 [레이어] 패널의 [레이어를 연결합니다] 아이콘을 클릭

배경 레이어의 잠금 해제

[레이어] 패널에서 레이어 이름의 오른쪽에 있는 자물쇠 아이콘을 클릭하거나 더블클릭

선택 영역에서 레이어 마스크 만들기

마스크 처리 후 보여질 영역을 선택 영역으로 지정한 후 [레이어] 패널의 [레이어 마스크 추가] 아이콘을 클릭

레이어 마스크 편집

[레이어] 패널에서 대상 레이어의 레이어 마스크 축소판을 선택한 후 [브러시 도구]나 [지우개 도구] 등으로 화면에서 드래그, 검은색으로 칠하면 숨겨지고 흰색으로 칠하면 표시됨

클리핑 마스크 만들기

[레이어] 패널에서 마스크로 사용할 레이어 위에 마스크에서 표시될 이미지 레이어를 배치한 후 Alt 를 누른 채 2개의 레이어 경계를 클릭